Willy Cohn

Die Geschichte der sizilischen Flotte unter der Regierung Konrads IV. und Manfreds (1250-1266)

Salzwasser

Willy Cohn

Die Geschichte der sizilischen Flotte unter der Regierung Konrads IV. und Manfreds (1250-1266)

1. Auflage | ISBN: 978-3-84603-634-1

Erscheinungsort: Paderborn, Deutschland

Salzwasser Verlag GmbH, Paderborn. Alle Rechte beim Verlag.

Nachdruck des Originals von 1920.

Willy Cohn

Die Geschichte der sizilischen Flotte unter der Regierung Konrads IV. und Manfreds (1250-1266)

Salzwasser

ABHANDLUNGEN
ZUR
VERKEHRS- UND SEEGESCHICHTE
IM AUFTRAGE DES HANSISCHEN GESCHICHTSVEREINS
HERAUSGEGEBEN VON
DIETRICH SCHÄFER
BAND IX

DIE GESCHICHTE DER SIZILISCHEN FLOTTE UNTER DER REGIERUNG KONRADS IV. UND MANFREDS

(1250—1266)

VON

DR. WILLY COHN.

BERLIN ◻ KARL CURTIUS ◻ 1920.

Inhaltsverzeichnis.

I. Hauptabschnitt.

II. Hauptabschnitt.

Einleitung.

Die folgenden Untersuchungen sind auf dem Boden erwachsen, den ich mit meiner „Geschichte der normannisch-sizilischen Flotte unter Roger I. und Roger II." betrat. Die verbindenden Glieder zwischen jener Arbeit und der vorliegenden habe ich in einer Reihe von Einzelaufsätzen gegeben, die an verschiedenen Stellen erschienen sind und die ich im Literaturverzeichnis aufgeführt habe. Sie in einer Buchausgabe zu vereinen und noch fehlende kleine Stücke, die im Text großenteils schon vorliegen, hinzuzufügen, wird stets mein lebhaftester Wunsch bleiben, doch wird sich unter den gegenwärtigen schwierigen Druckverhältnissen seine Verwirklichung leider wohl noch einige Zeit hinziehen.

Konrad IV. und Manfred stehen wie in der allgemeinen Staatsverwaltung, so auch in der ihrer Flotte auf den Schultern ihres großen Vaters Friedrichs II. Die Bedeutung der Flotte ist in ihren Regierungsjahren für das sizilische Staatswesen unverändert die gleiche gewesen, und sie haben es an Sorgfalt ihr gegenüber nicht fehlen lassen. Groß und geachtet stand sie unter den Mittelmeerflotten da, und besonders Manfred baute auf sie, als er daran ging, die Landung Karls von Anjou in Italien zu verhindern. Mit dem Tode Manfreds und dem Übergang der Herrschaft auf Karl von Anjou kommt in die sizilische Flotte ein neues Element hinein, das provençalische, das sich beispielsweise im Schiffsbau genau feststellen läßt; wohl hat Karl I. auch die bewährten Grundlagen seiner normannischen und staufischen Vorgänger, die mit der See aufs innigste verwachsen waren, festgehalten, aber ein neuer Abschnitt setzt mit seinem Regierungsantritt doch auch für die Geschichte der sizilischen Flotte ein,

so daß wir das Jahr 1266 für sie als einen wichtigen Punkt
ansehen dürfen.

In Manfred war noch als dem Letzten das alte Seefahrer-
blut der Normannen lebendig; er hat an seiner Flotte aufs
innigste gehangen, und auch sein vor ihm verstorbener Bruder
Konrad IV. stand ihr nahe, verdankte er ihr ja seine sichere
Überfahrt ins Königreich. Die fragmentarische Überlieferung
läßt uns vieles nur ahnen, von dem wir die innere Gewißheit
haben, daß es so gewesen ist. Wenn es mir einigermaßen gelungen sein sollte, die Lebensbilder der beiden Admiräle jener
Zeit, des Ansald de Mari und Philipp Chinardus,
herauszustellen und diese beiden Männer zu neuem Leben zu er-
wecken, so würde dies für mich die schönste Belohnung sein.

Von den Werken, die sich mit der Zeit Manfreds beschäftigt haben, verdanke ich am meisten den im Literaturverzeichnis
aufgeführten Arbeiten von H. Arndt und A. Bergmann;
besonders dem ersteren Buche bin ich für manchen Hinweis er-
kenntlich, dem folgend ich weiter forschen konnte.

Soweit es irgend möglich war, habe ich die italienische
Spezial-Literatur herangezogen; sollte hier irgend eine Lücke be-
merkbar sein, so müßte auch dies mit den Zeitverhältnissen ent-
schuldigt werden, die eine direkte Beschaffung der in Frage
kommenden Bücher unmöglich machten. Doch hoffe ich, daß ich
nichts Wesentliches übersehen habe.

Der Gedanke, der mir bei der Abfassung der Arbeit vor-
schwebte, war, durch eine Spezialuntersuchung nachzuweisen, wie
das Meer das sizilische Staatsleben beherrscht hat und wie die
ganze sizilische Staats- und Kulturentwicklung sich nur begreifen
läßt, wenn man dem Meer und der Seefahrt die gebührende
Beachtung zuteil werden läßt.

I. Hauptabschnitt.

Die äußere Geschichte der sizilisch-unteritalienischen Flotte unter der Regierung Konrads IV. und Manfreds.

In dem ersten Hauptabschnitt der Arbeit, in den wir nun eintreten, handelt es sich zunächst um die Feststellung, bei welchen Gelegenheiten die Flotte verwendet worden ist, was sie geleistet hat und welche Bedeutung sie für den Gang der Ereignisse hatte.

Die Überlieferung für die Regierungszeiten der beiden Söhne Friedrichs II., Konrad und Manfred, ist überaus dürftig und bringt uns sicherlich nicht von allem Kunde, was sich damals zugetragen hat.

Diese Epoche war ja gerade dem Nachfolger der Staufer, Karl von Anjou, ein besonderer Dorn im Auge, und er suchte infolgedessen, sie möglichst vollständig aus der Erinnerung zu löschen und alle Aktenstücke aus ihr zu vernichten. So können wir oft nur ahnen, in welchem Ausmaß auch die Flotte zur Betätigung herangezogen worden ist, aber es wird uns im Laufe der Darstellung immer mehr zur Gewißheit werden, daß die Expeditionen, von denen wir zu sprechen haben, nicht die einzigen waren die stattfanden, und daß die sizilischen Schiffe auf dem Mittelmeer einen wichtigen Machtfaktor darstellten. Die erste Aufgabe, die die Flotte zu Beginn unserer Periode zu lösen hat, ist schon eine bedeutende, von der die Zukunft des unteritalienisch-sizilischen Königreichs wesentlich abhing. Ihr wenden wir uns nunmehr zu.

————

1. Kapitel.

Die Überfahrt Konrads IV. nach Unteritalien im Jahre 1251/52.

Die deutschen Regierungsgeschäfte hatten König Konrad IV. bis tief in das Jahr 1251 gehindert, selbst sein sizilisches Reich aufzusuchen. Nun aber waren alle Schwierigkeiten überwunden, und der König rüstete sich zur Reise in sein Erbreich, in das Land, das unter den vielen Ländern, die unter dem Zepter Friedrichs II. vereinigt gewesen waren, ihm besonders am Herzen lag. Ein weiter Weg war es, den Konrad von Deutschland aus zurückzulegen hatte; während der erste Teil der Reise bis nach Oberitalien zu Lande sich in der üblichen Weise abspielen mußte, kam für die zweite Hälfte nur der in diesem Augenblick sichere Seeweg[1] in Betracht. „Ein Kommen zu Lande war eine unmögliche Sache, von so vielen Feinden verfolgt, suchte (Konrad) deswegen sich auf dem Seeweg (in sein Land) zu begeben[2]".

Hier fiel nun der Flotte die wichtige Aufgabe zu, den König von einem Hafen Oberitaliens abzuholen und ihn über das Adriatische Meer sicher nach dem Bestimmungshafen Unteritaliens zu bringen. Diese Fahrt war nicht gefahrlos, denn seit alters her ist die Ostküste des Adriatischen Meeres stets ein berüchtigter Küstenstrich gewesen, wo besonders in Dalmatien

---

[1] Vgl. G. Zeller: König Konrad IV in Italien S. 33.

[2] So Giambattista Nitto de Rossi in seinem Aufsatze: Ancora per l'arte pugliese, der im Märzheft 1899 des VIII. Bandes der Zeitschrift „Napoli nobilissima" erschienen ist, auf S. 43.

die Seeräuberei nie erlosch[1]. Sogar während der sonst so kraftvollen Regierung Friedrichs II. war es zu Belästigungen des legitimen Seeverkehrs durch diese Piraten gekommen[2], gegen die der Kaiser wirksame Maßregeln ergriff.

Ob nun diese slovenischen Seeräuber nach dem Tode des gefürchteten Staufers wieder frecher ihr Haupt erhoben haben, wissen wir nicht; jedoch dürfen wir von vornherein annehmen, daß die Flotte, die zur Abholung Konrads bestimmt war, eine starke Kriegsflotte gewesen sein muß, die auf alle Möglichkeiten gefaßt war.

All' dies wird der Statthalter Konrads im Königreich, sein Bruder Manfred, sorgfältig erwogen und danach seine Maßnahmen getroffen haben, ehe er die Flotte zur Absendung brachte. „Viele Galeeren"[3] sind es gewesen, die den König abholen sollten; Galeeren, also Kriegsschiffe, auf denen es sich ja nicht so bequem reiste, wie auf den größeren Transportschiffen, dafür schneller und sicherer, worauf es in dem vorliegenden Falle besonders ankam. Mit besonderer Umsicht mag Manfred auch den seemännischen Führer der Expedition ausgesucht haben, dem er das Leben und die Sicherheit des Königs anvertraute. Der Führer der politischen Gesandtschaft, die sich auf den Galeeren befand, kann es nicht gewesen sein, denn dieser, Markgraf Berthold von Hohenburg, hatte andere Aufgaben zu erfüllen; er ver-

---

[1] Für die Zustände, wie sie in der Regel an der dalmatinischen Küste geherrscht haben mögen, ist die Urkunde Manfreds aus dem Jahre 1259 charakteristisch, in der er von den „in Dalmatien üblichen Seeräubereien" spricht (Böhmer-Ficker-Winkelmann: Regesta Imperii V [von nun an abgekürzt zitiert B. F.] Nr. 4689).

[2] Vgl. hierzu W. Cohn: Organisation und Verwaltung der Flotte Kaiser Friedrichs II., Zeitschrift „Überall", Dezember 1918, S. 231.

[3] „Cum multis galeis", so spricht Konrad selbst von dieser Flotte, als er an die Bürger von Worms über diese Ereignisse berichtet, vgl. B. F. 4566; der Brief selbst ist abgedruckt bei Böhmer: Fontes rerum Germanicarum Bd. 3, 227 und bei Bartholomaeus Capasso: Historia diplomatica regni Siciliae inde ab anno 1250 ad annum 1266, S. 23/24.

ließ auch schon auf der Hinreise in Pola die Schiffe, um Konrad auf dem Landwege entgegen zu marschieren, während die Galeerenflotte der Küste des Adriatischen Meeres folgend bis nach Latisana fuhr, wo sie Konrad erwarten sollte. Der Gedanke liegt nun nahe, daß der Großadmiral des Königreiches diese so wichtige Expedition geleitet hat. Es drängt sich also die Frage auf, wer damals dieses so wichtige Amt inne gehabt hat. Dies also ist Ansald de Mari gewesen, derselbe, der sich schon in den Seekämpfen Friedrichs II. mit Genua ausgezeichnet hat und mit dessen interessantem Lebenslauf wir uns später noch werden zu beschäftigen haben[1]; er war unverändert während der kurzen Regierungszeit Konrads IV. im Besitz dieser Würde und führte den Amtstitel: „dei et regia gratia sacri imperii et regni Sicilie amiratus[2]"

Wenn er trotzdem diese Expedition nicht selbst leitete, so ist dies auffällig, aber er mag sein hohes Alter mit Recht für sein Fernbleiben haben anführen können; auffälliger aber ist es, daß ihn dann nicht sein Sohn Andreolus de Mari vertrat, der ja auch in den Seekämpfen der vorangegangenen Periode stets an der Seite des Vaters zu finden gewesen ist und eine Reihe von Aufgaben selbständig ausführte. Einen Grund dafür vermag ich mit Bestimmtheit nicht anzugeben, vielleicht haben Differenzen mit Manfred vorgelegen.

Es ist nun charakteristisch und für das geringe Verständnis unserer Quellen für maritime Dinge bezeichnend, daß keine von ihnen den seemännischen Führer der Expedition auch nur mit Namen erwähnt. Und doch hat Konrad IV. seine Tätigkeit nicht gering geachtet und sich ihrer in Dankbarkeit erinnert. Diese Dankbarkeit des Königs hat uns auch lediglich den Namen dieses Seeoffiziers überliefert. Eustasius de Philippo aus Messina,

---

[1] Vgl. den II. Hauptabschnitt der vorliegenden Arbeit 1. Kapitel S. 55.

[2] So wird er in einer Privaturkunde des Jahres 1252 genannt; vgl. hierzu Georg Caro: Ein Reichsadmiral des 13. Jahrhunderts (Mitteilungen des Instituts für österreichische Geschichtsforschung) Bd. 23 S. 643.

so lautet er, stammt aus einer Familie, die den Ahnen Konrads IV. schon seit langem in Treue ergeben war. Er selbst hat dem Vater und Vorgänger Konrads, Friedrich II, „beständig und treu" gedient, wir dürfen wohl annehmen in dessen Flotte, und so mag sich Manfred mit voller Absicht gerade diesen Mann ausgesucht haben, um ihm die Schiffe anzuvertrauen, die seinen Bruder sicher in sein Erbkönigreich bringen sollten.

Eustasius hat seine Aufgabe, wie noch zu zeigen sein wird, restlos und glücklich gelöst und die volle Anerkennung seines Königs gefunden, der ihn im Hinblick auf die Dienste, die er ihm und seinem Vorgänger geleistet hat und auf die sich schon die Ahnen des Eustasius berufen konnten, mit dem hohen Amt eines Magister Prothontinus[1] von Sizilien und Kalabrien im April 1252 von Foggia aus bedachte[2].

Noch ein zweiter Mann hat an dieser Seereise teilgenommen, von dem wir wissen, daß er ein führender Seemann gewesen ist, nämlich der Nachfolger Ansalds de Mari im Amt des sizilischen Admirals: Philipp Chinardus[3]. Dies wissen wir aus der Zeugen-

---

[1] Zu dem Amt selbst vgl. den II. Hauptabschnitt Kapitel 2 der vorliegenden Arbeit.

[2] Vgl. diese Verleihungsurkunde bei P. Scheffer-Boichorst: Urkunden und Forschungen zu den Regesten der Staufischen Periode, 2. Folge (Neues Archiv der Gesellschaft für ältere deutsche Geschichtskunde, 27. Bd. 1902, S. 99/100). In dem vorangeschickten Regest spricht Scheffer-Boichorst von den „Königlichen Schiffen", die Eustasius dem König Konrad entgegenbrachte, im Text aber heißt es „cum nostris galeis", was dem Sinne nach ja wohl dasselbe ist; doch verwendet man besser den Ausdruck Schiff nur für Transportschiff (Navis), während Galeere für „Galea" einzusetzen ist; auf diese Urkunde weist auch Zeller a. a. O. S. 46 hin.

[3] Nitto de Rossi nimmt in seinem Aufsatz: „Ancora per l'arte pugliese, Replica ad una risposta" (Napoli nobilissima 1899, Märzheft S. 42) an, daß Philipp Chinardus diese Expedition geleitet hat; diese Annahme wird jedoch durch die oben erwähnte, von Scheffer-Boichorst gefundene Verleihungsurkunde für Eustasius hinfällig. Auch sonst kann ich der in diesem Aufsatze gegebenen kurzen Schilderung der Überfahrt Konrads nicht zustimmen, vom Hafen S. Maria di Rosa ist Konrad nicht abgefahren, wie es nach der Darstellung Nitto de Rossi's angenommen werden müßte; darüber wird weiter unten noch zu sprechen sein.

liste der Urkunden, die Konrad auf der Reise ins Königreich in Pirano und Pola ausstellte. So hat Philipp, dessen Tätigkeit sich später vor allem auf dem Tyrrhenischen und Jonischen Meere abspielen sollte, auch einmal Gelegenheit gehabt, auf einer längeren Reise das Adriatische Meer kennen zu lernen, und wir dürfen es für sicher halten, daß er dem Eustasius mit Rat und Tat zur Seite gestanden hat.

Es hat also der Flotte nicht an bewährten Führern gefehlt, und diesem Umstande ist auch der glückliche Verlauf der Fahrt selbst zuzuschreiben, die wir jetzt näher verfolgen wollen.

Im September des Jahres 1251 mag die sizilische Flotte schon das Königreich verlassen haben, um Konrad abzuholen[1]. Sie setzte in Pola Berthold von Hohenburg mit einem sicher nicht unbeträchtlichen Gefolge, dem wohl alle politisch wichtigen Persönlichkeiten angehört haben mögen, ans Land, da er ja beauftragt war, seinem Herrscher auf dem kürzesten Wege entgegenzureisen[2] und ihn über alles Wichtige zu unterrichten.

Ehe er aber die Schiffe verlassen hat, mag er mit dem Führer der Galeeren Eustasius genau den Platz verabredet haben, an den dieser die Fahrzeuge, er selbst aber den König zur Einschiffung führen wollte, denn nur so war ein sicheres Zusammentreffen gewährleistet.

Hierfür kam am besten ein Platz an der Mündung des Tagliamento in Betracht. Wir dürfen als sicher annehmen, daß Konrad sofort den Wunsch gehabt hat, seine eigene Flotte zu besteigen, um ohne einen Fahrzeugwechsel von ihr unmittelbar in sein Königreich gebracht zu werden. Dieser Annahme scheint die Nachricht der sonst ja sehr gut über Angelegenheiten zur See orientierten Jahrbücher von Genua entgegenzustehen[3], in der es

---

[1] Vgl. Zeller a. a. O. S. 26.

[2] Vgl. hierzu Michael Doeberl: Berthold von Vohburg-Hohenburg, der letzte Vorkämpfer der deutschen Herrschaft im Königreich Sizilien (Deutsche Zeitschrift für Geschichtswissenschaft Bd. XII, S. 222).

[3] Allerdings muß einschränkend gesagt werden, daß auch diese Zuverlässigkeit sich meist nur auf Vorgänge erstreckt, die sich in unmittelbarer Nähe von Genua abspielen, für das Jahr 1265 kann später gerade ihre Unzuverlässigkeit gezeigt werden.

beißt: „Als Konrad ins Königreich reisen wollte, gelangte er durch die Mark in das Gebiet von Istrien und Slavonien, und dort nahmen ihn 16 Galeeren des Königreiches, welche sorgfältig ausgerüstet waren, auf und führten ihn nach Apulien hinüber [1]".

Mit dieser Nachricht aber in Widerspruch steht die aus den Urkunden verbürgte Tatsache, daß Konrad sich an der Mündung des Tagliamento eingeschifft hat; wollen wir also beide Nachrichten vereinigen, so können wir nur annehmen, daß der König für die Strecke: Mündung des Tagliamento bis Pola bzw. Pirano noch eine andere Flotte benutzt habe [2].

Eine nähere Untersuchung muß jedoch zeigen, daß die Einschaltung dieses Zwischengliedes überaus künstlich ist und abgelehnt werden kann. Warum hätte die sizilische Flotte nicht auch noch dieses kurze Stück fahren können, nachdem sie die viel längere Seereise von Unteritalien her glücklich zurückgelegt hatte? Ist es nicht ganz unwahrscheinlich, daß der König sich für dieses kurze Stück noch einer fremden Flotte bedient haben soll, der er nicht unbedingt trauen konnte und die ihm nicht die Bequemlichkeit bot wie seine eigene, die sorgsam ausgerüstet war? Dazu kommt noch, daß der König wohl ein bedeutendes Interesse daran hatte, seinen Abfahrtsort geheim zu halten, um allen Zwischenfällen vorzubeugen, und diese Geheimhaltung war am besten gewährleistet, wenn der Führer der sizilischen Flotte seine Schiffe an einen Platz brachte, der nur ihm und dem Führer der Landexpedition, Berthold von Hohenburg, bekannt war.

So müssen die Angaben der Jahrbücher von Genua als mit unseren übrigen Quellen in Widerspruch stehend, zurückgewiesen werden. Sie lassen sich aber noch in dem Sinne ver-

---

[1] Annales Januenses in Monumenta Germaniae Scriptores (SS.) Bd. 18 S. 230.

[2] Auf diese Möglichkeit weist B. F. 4566 c. tatsächlich hin.

wenden, daß der Verfasser meint, die Galeeren haben von Pola bzw. Pirano die endgültige Reise ins Königreich angetreten[1].

Wir halten also an der Abreise zur See von der Mündung des Tagliamento aus fest; denn darin können wir Ficker-Winkelmann beistimmen, daß es „abgesehen von den Nachrichten über die Einschiffung bei Latisana ganz unwahrscheinlich sei, daß er (Konrad) überhaupt zu Lande um den Golf von Triest auf beschwerlichsten Wegen nach Pirano gekommen wäre[2]".

So hat sich der König am 11. Dezember[3], also in Porto del Tagliamento an der Mündung dieses Flusses oder in Porto Lignano etwas weiter östlich davon unweit von Latisana, auf seine eigenen Schiffe begeben[4]. Drei Tage später, also schon

---

[1] Zeller a. a. O. S. 37 ist anderer Meinung und läßt Konrad erst in Pola die sizilische Flotte besteigen, er entzieht sich aber der Untersuchung, welche Flotte dann Konrad für die Strecke: Mündung des Tagliamento—Pola benutzt haben soll. Gerade aus der Tatsache, die Zeller a. a. O. S. 35 hervorhebt, daß Konrad die Reise so sorgsam vorbereitet hat, möchte ich auch herauslesen, daß die Mündung des Tagliamento von vornherein als Einschiffungsort verabredet worden ist und die sizilische Flotte dorthin bestellt wurde.

[2] B. F. 4566 c.

[3] Dies Datum ergibt sich aus B. F. 4566.

[4] Vgl. B. F. 4566, ferner Annales S. Justinae Patavini M. G. SS. XIX, 161: Conradus in mense Dezembri intravit mare in portu Texane (Latexane); Böhmer, Fontes I, 286: Chunradus Veronam et per portum Latexanum, ubi ascendit, venit; auch der „Liber regiminum Paduae" edidit Bonardi (Venedig 1899) S. 100 weist auf denselben Einschiffungsort hin, wenn er sagt: „Conradus Filius Federici imperatoris de Alamannia veniens Veronam mense Decembris cum auxilio Ecelini mare intravit in portu Litesanie"; vgl. Zeller a. a. O. S. 35 Anm. 6, in der er mit Recht gegen Schirrmacher: Die letzten Hohenstaufen S. 19 polemisiert, aus dessen Darstellung der Anschein erweckt werden könnte, „als ob der König den beschwerlichen Weg um den Golf von Triest mit seinem Heere zu Land zurückgelegt hätte". Diese Auffassung Schirrmachers geht auf die in dieser Beziehung nicht zuverlässige schon oben charakterisierte Mitteilung der Jahrbücher von Genua zurück, auch Thomas Tuscus M. G. SS. XXII, S. 516 scheint Schirrmachers Ansicht zu stützen, doch ergibt sich aus den anderen oben angeführten Quellenstellen klar und deutlich, daß

am 14. Dezember urkundete Konrad bereits in Porto-Rosa an der Rheede von Pirano[1], er hat also die Fahrt durch den Golf von Triest sehr rasch zurückgelegt.

Von dort fuhr er nach Erledigung einiger Regierungsgeschäfte weiter nach Pola, hat aber vorher in Parenzo[2] noch einmal angelegt, wo er sich aber nicht lange aufgehalten haben kann, da die für diese Stadt bestimmte Urkunde erst in Pola ausgefertigt wurde[3]. Die weitere Reise war, wie das in damaliger Zeit durchaus üblich war, eine Küstenfahrt längs der Inseln, die Dalmatien vorgelagert sind. Ob hier der König noch einmal angelegt hat, entzieht sich unserer Kenntnis. Der nächste Anlegeplatz, der uns verbürgt ist, ist Spalato, ein Hafen, der sich durch seine natürliche Lage, die äußerst geschützt war, hervorragend gut zu längerem Verweilen eignete. Der Tag der Landung ist uns nicht bekannt, jedoch muß es um die Jahreswende gewesen sein, da von Spalato aus die Durchquerung des Adriatischen Meeres erfolgte und Konrad am 8. Januar in Siponto in Apulien gelandet ist.

So wird man den Aufenthalt in Spalato seemännisch dazu benutzt haben, um eine gründliche Überholung der Schiffe vorzunehmen, denn nach der verhältnismäßig leichten Küstenfahrt erfolgte jetzt der schwierigere Teil des Unternehmens. Die Landung eines deutschen Königs in einem so kleinen Ort wie Spalato fand natürlich in der Lokalgeschichte ihren Niederschlag;

Konrad den Seeweg schon von der Mündung des Tagliamento an gewählt hat.

Der Vollständigkeit halber sei auch noch auf das Schreiben an Cacciaconte hingewiesen, das sich bei Capasso a. a. O. S. 21 befindet und die zutreffenden Bemerkungen B. F. 4565, denen wir gegen Capasso darin zustimmen müssen, daß als Abfahrtsort Pirano in Istrien nicht in Frage kommen kann.

[1] Der Ort ist sichergestellt durch die Angabe B. F. 4568.

[2] Dies möchte ich nach B. F. 4569 als sicher annehmen.

[3] Vgl. hierzu Zeller a. a. O. S. 37. Das Anlaufen von Parenzo ist bei der Küstenfahrt höchst unwahrscheinlich, auch ist nicht anzunehmen, daß die 50 Seemeilen betragende Entfernung von Pirano nach Pola ohne Unterbrechung zurückgelegt wurde.

es war ja kein alltägliches Ereignis, denn es war ja das erstemal, daß ein deutscher König den Seeweg dem Landweg vorzog!

„Der König Konrad auf dem Wege von Deutschland zur Besitzergreifung des Königreichs Sizilien fuhr mit nicht wenig Dreirudrern an der Küste des dalmatinischen Gestades entlang segelnd friedlich dahin", so erzählt Thomas, der Archidiakon von Spalato in seiner Geschichte von Salona.[1] Diese Nachricht ist für uns deshalb von besonderer Bedeutung, weil sie auf einen Augenzeugen zurückgeht, der selbst die Landung des Königs gesehen hat. So hat es auch einen über sonstige Quellennachrichten hinausgehenden Wert, wenn er angibt, daß es „nicht wenige Dreirudrer", also Galeeren gewesen sind, die den König begleitet haben; auf diese Weise erfährt die lokalgeschichtliche Notiz des Thomas durch die Mitteilung Konrads an die Wormser,[2] daß es viele[3] Galeeren waren, die ihn hinüberbrachten, eine erwünschte Ergänzung und Bestätigung.

Hierbei ist noch darauf hinzuweisen, daß die Dalmatiner stets eine seefahrende Nation gewesen sind, also recht wohl den Maßstab für die Größe einer Flotte hatten!

Unser Chronist weist ausdrücklich darauf hin, daß der König, überall, wo er landete, von den Bürgerschaften gut aufgenommen wurde, eine Tatsache, die darauf schließen läßt, daß

---

[1] Thomas historia Pont. Salonitanorum et Spalatinorum M. G. SS. XXIX, S. 598. Vgl. zu dieser Quelle Ottokar Lorenz: Deutschlands Geschichtsquellen Bd. 1 S. 344. Da es sich bei Thomas um eine zeitgenössische Quelle handelt, ist ihr Wert für unsere Untersuchung um so bedeutsamer. Vgl. auch B. F. V 4569.

[2] B. F. V. 4566.

[3] Über die Größe des Geschwaders sind wir nicht genau unterrichtet. Die Annales Siculi M. G. SS. XIX S. 499 sprechen von einem „magnum extolium", einem großen Geschwader, die Annales Januenses a. a. O. von 16 Galeeren. Vgl. hierzu Capasso S. 25 und Anm. 1 zu S. 25, der weitere Quellenstellen angibt; die entscheidendste, weil auf Augenzeugen beruhende Nachricht ist demgegenüber die des spalatinischen Chronisten, der selbst bei den Dingen anwesend war. Wir haben uns also die Flotte, die Konrad begleitete, als nicht unbeträchtlich vorzustellen, was schon aus der ganzen Bedeutung der Expedition ohne weiteres ersichtlich ist.

Konrad auf der Fahrt von Pola nach Spalato noch mehrfach gelandet ist.

Dies mögen die Seeleute den Bewohnern von Spalato voll Freude erzählt haben, die es ihrerseits dann wieder dem Archidiakon Thomas berichteten; dieser selbst konnte leider nicht in einen direkten Verkehr mit der Flotte und ihrer Besatzung treten, denn er mußte im Gefolge des Erzbischofs Roger sofort die Stadt verlassen, da dieser mit Konrad, dem Sohne des von Innocenz IV. auf dem Lyoner Konzil gebannten Friedrich II., keine Beziehungen aufnehmen wollte.[1] Sie sind erst wieder nach Spalato zurückgekehrt, als Konrads Flotte bereits die Anker gelichtet hatte, und so hat Thomas der Abfahrt der Flotte nicht beigewohnt, was wir bedauern müssen, da er uns sonst vielleicht manches seemännisch Interessante noch aufgezeichnet hätte. Doch hörte er ja von der überwiegenden Mehrzahl der in Spalato zurückgebliebenen Bewohner,[2] daß Konrad „bei günstigem Wind nach Apulien übergefahren ist".

Am 8. Januar[3] ist dann Konrad nach anscheinend glatt verlaufener Überfahrt mit seiner Flotte in Siponto gelandet. Die sizilischen Annalen heben bei dieser Gelegenheit hervor, daß Konrad „cum magno extolio"[4], mit der „großen Flotte" ankam; und diese Nachricht will mir glaubhafter erscheinen, als die, daß er mit nur 5 Galeeren den Hafen von Siponto erreichte[5].

Mit der Landung Konrads hat die sizilische Flotte die Aufgabe, die ihr Manfred gestellt hatte, getreulich erfüllt[6].

---

[1] Vgl. Thomae historia a. a. O. Der Erzbischof hatte noch vorher angeordnet, daß während der Anwesenheit Konrads jeder Gottesdienst zu unterbleiben hatte.

[2] Die Bürgerschaft hat den König auch in Spalato gut aufgenommen, nur der Klerus war päpstlich gesinnt.

[3] Zu dem Datum vgl. die Bemerkung B. F. 4569 b, sowie Zeller a. a. O. S. 38 Anm. 2.

[4] Annales Siculi M. G. SS. XIX 498. Misso per domnum principem qui erat ballius tocius regni de mandato domni imperatoris.

[5] Chr. Sic. ms. bei Capasso S. 25 Nr. 43.

[6] Voll von falschen Angaben über die Überfahrt des Königs sind „Gli diurnali di Messer Mattheo di Giovenazzo (M. G. SS.

2. Kapitel.

Die sizilische Flotte bei der Belagerung von Neapel im Jahre 1253.

Schon im folgenden Jahre 1253 treffen wir die sizilische Flotte bei der Belagerung von Neapel wieder.[1] Hier fiel den Seestreitkräften die Aufgabe zu, die Stadt von der Seeseite her zu blockieren.[2] Diese Belagerung setzte am 18. Juni 1253 mit voller Kraft ein; Konrad ging „zu Wasser und zu Lande" ans Werk.[3]

Es ist nicht überliefert, wer die Leitung der Seestreitkräfte gehabt hat; es ist aber mit einer gewissen Wahrscheinlichkeit anzunehmen, daß dies der messinesische Bürger Eustasius, der Sohn Philipps gewesen ist, der seit dem Frühjahr 1252 die Würde eines Magister Prothontinus von Sizilien und Kalabrien bekleidet. Eustasius mag wohl für die Aufgabe der Führung der

Bd. XIX S. 473), worauf schon der Herausgeber hinweist; seinen Bemerkungen ist noch hinzuzufügen, daß auch die Angabe dieser Quelle, der König Konrad sei „con l'armata de Venetiani" gekommen, auf einem Irrtum beruht, da aus der oben zitierten Urkunde für Eustasius sich mit voller Gewißheit ergibt, daß der König auf sizilischen Galeeren gereist ist.

[1] Camillo Manfroni: Storia della marina Italiana dalle invasioni barbariche al trattato di Ninfeo Bd. 1 (von nun an abgekürzt zitiert Manfroni I) S. 429 nennt das Jahr 1252, was auf einem Irrtum beruht.

[2] Vgl. Zeller a. a. O. S. 70.

[3] In hoc anno Conradus rex congregavit totum regnum et obsedit Neapolim XVIII iunii a mari et a terra (Annales Cavenses M. G. SS. III, 194). Vgl. auch B. F. 4596a, ferner Capasso S. 45. Malaspina spricht von einem ungeheuren Geschwader, das Neapel vom Meer aus bedrängte.

Seestreitkräfte dem Kaiser als der zuverlässigste Mann erschienen sein, da der Admiral, Ansald von Mari, seit dem Tode Friedrichs II. meistens in Genua weilte und an den Geschicken der sizilischen Flotte keinerlei aktiven Anteil mehr nahm.[1]

Damals mag Eustasius, dem der König zu besonderem Danke verpflichtet war, da er ihn in mustergültiger Weise über das Meer geführt hatte, mit Konrad öfters in Berührung gekommen sein, denn er benutzte die Gelegenheit, sich Lehen, die ihm in Tenimentum Briatico von Petrus Ruffus angewiesen waren, bestätigen zu lassen.[2]

Welchen Anteil hierbei die Flotte im einzelnen hatte, wissen wir nicht. Doch hatte sie die Etappenlinie zu decken, da die Belagerungsarmee auf die Zufuhr übers Meer angewiesen war. In diesem Sinne richtete Konrad an den Kapitän Siziliens die Aufforderung, in den Seeorten von Sizilien, Kalabrien und Val Crati Lebensmittel aufzukaufen und sie dem Heer direkt zuzuführen oder sie nach Amalfi oder Castellamare zu verschiffen.[3] Bei dieser Gelegenheit sind wohl wieder die staatlichen Getreidetransportschiffe in Aktion getreten, für deren Instandhaltung und Bereitschaft Friedrich II. so besonders besorgt war.[4]

Die Einnahme und Unterwerfung der Stadt Neapel brachte diese Ereignisse zum Abschluß und setzte der Tätigkeit der Flotte ein Ziel; am 10. Oktober hat Neapel kapituliert.[5]

---

[1] Vgl. Georg Caro: Ein Reichsadmiral des 13. Jahrhunderts in den Mitteilungen des Instituts für österreichische Geschichtsforschung Bd. 23 S. 646, sowie Zeller S. 75 Anm. 2.

[2] Die darauf bezügliche Urkunde ist veröffentlicht von P. Kehr: Römische Quartalsschrift Bd. 16 1902 S. 421; vgl. auch weiter unten den Abschnitt über das Amt des Magister Prothontinus in der inneren Geschichte der Flotte Kapitel 2 S. 105.

[3] B. F. 4605; Petr. de Vin. 2, 29 abgedruckt bei Capasso Nr. 92. Hier wird noch auf die Ungunst der Witterung hingewiesen, die möglicherweise einen unmittelbaren Transport auf dem Seewege zum Heere unmöglich machte.

[4] Vgl. Cohn: Organisation und Verwaltung der Flotte Friedrichs II. Zeitschrift „Überall" Novemberheft 1918 S. 145.

[5] B. F. 4605 a.

Die Aufwendungen, die das Belagerungsheer sowie die Flotte gekostet haben, müssen nicht unbeträchtlich gewesen sein, denn Konrad war im Anschluß daran gezwungen, eine neue Anleihe auszuschreiben.[1] Ausdrücklich spricht hier Konrad von seinem „Felix stolium",[2] eine Bezeichnung, die uns ja von den Tagen Friedrichs II. her geläufig ist.[3]

---

[1] Vgl. B. F. 4612, sowie Huillard-Bréholles: Historia diplomatica Friderici secundi Bd. VI, S. 16.

[2] „In armatione felicis stolii" (Huillard-Bréholles [H. B.] a. a. O.) waren die Gelder unter anderem verausgabt worden.

[3] Vgl. Manfroni I, S. 429, sowie Capasso a. a. O. S. 54 Dokument Nr. 100. — In dem kurzen, 1912 veröffentlichten Vortrag von Carlo Bruno: Napoli nella storia marinaria d'Italia finden wir diese Belagerung überhaupt nicht erwähnt.

3. Kapitel.

Die sizilische Flotte in den ersten Jahren der Regierung Manfreds.

Als in den Jahren nach Konrads IV. Tode sich die verschiedenen Machthaber im Königreich festzusetzen suchten, mag auch die Einheitlichkeit der sizilischen Flotte erheblich gelitten und ihre Teile mögen den verschiedenen Gewalten gehört und gegeneinander gekämpft haben.[1]

Zunächst setzte wohl ein reger Botenverkehr zwischen den verschiedenen Machthabern, dem Papste und Manfred ein, der sich in erster Reihe auf dem Seeweg vollzogen haben mag. Zu diesem Zwecke verwandte man die Galeeren. Zwei solchen begegnen wir, als Peter Ruffus auf ihnen Boten an den Papst sandte; da auch Gesandte der Stadt Messina auf ihnen reisten, liegt die Vermutung nahe, daß es sich um messinesische Galeeren gehandelt habe.[2]

Wir greifen in unserem Zusammenhang nur diejenigen Episoden heraus, bei denen wir eine Betätigung von Seestreitkräften feststellen können, indem wir uns bewußt sind, daß wahrscheinlich Teile der sizilischen Flotte viel öfter Gelegenheit zur Mitwirkung hatten; aber bei der bekannten Dürftigkeit unseres Quellenmaterials läßt sich dies nur in den wenigsten Fällen beweisen.

---

[1] Vgl. für diese Jahre vor allem das Buch von A. Karst: „Geschichte Manfreds vom Tode Friedrichs II. bis zu seiner Krönung".

[2] Vgl. Nicolai de Jamsilla: Historia de rebus gestis Friderici II., Conradi et Manfredi abgedruckt in Rerum italicarum Scriptores edidit Muratori Bd. VIII (abgekürzt zitiert Jamsilla) Spalte 548 sowie Karst a. a. O. S. 82/83.

Für die politischen Zusammenhänge müssen wir vor allem auf das Buch von Karst: „Geschichte Manfreds vom Tode Friedrichs II. bis zu seiner Krönung" verweisen. Es würde zu weit führen, auf diese hier einzugehen.

Als Peter Ruffus im Jahre 1255 in Cosenza die Nachricht erhielt, daß durch den an Jordanus Ruffus verübten Verrat[1] seine eigene Stellung in Cosenza unmöglich wurde, verließ er diese Stadt mit der Absicht, sich nach Ajello zu wenden, unweit der Küste des Tyrrhenischen Meeres. Hier erhält er keinen Einlaß und muß sich daher nach Catanzaro begeben, wo er sich aber ebensowenig wie in Marida und Mesiano halten konnte. Erst in seiner Vaterstadt Tropea an der Küste des Tyrrhenischen Meeres findet er Zuflucht. Hier hatte auch sein Neffe Jordanus seinen Wohnsitz. Nachdem er an diesem Ort sich eine Zeitlang aufgehalten hatte, ließ er ein Pfeilschiff, eine „Sagitta"[2] ausrüsten, um auf dieser mit seiner Frau, der Frau seines Neffen und dessen Kindern weiterzureisen. Gerade als er dieses tun wollte, entließ der Schloßhauptmann des dortigen Kastells den Richard von Frosina, der einst von Jordanus Ruffus gefangen genommen war, aus der Haft. Dieser aber vermag es, nach seiner Freilassung den Schloßhauptmann für die Partei Manfreds zu gewinnen. So wird ein Verbot erlassen, daß niemand mit Peter Ruffus auf dem Pfeilschiff aus dem Ort hinwegfahren dürfe; daraufhin verlassen die Matrosen „einer nach dem anderen" das Schiff, und Peter Ruffus saß auf diesem gefangen, da er mit ihm weder auf das Meer fliehen konnte, noch sich ans Land begeben durfte, denn die Stadttore waren verschlossen und wurden stark bewacht.

Aus dieser unangenehmen Lage wird Peter durch einige zufällig vorbeikommende Barken[3] aus dem Principat befreit, die

---

[1] Karst a. a. O. S. 93.

[2] Jamsilla a. a. O. Spalte 556. Vgl. zu diesem Schiffstyp den zweiten Teil dieser Arbeit Kapitel 9 § c. S. 130.

[3] Vgl. unten den Abschnitt „Barken" unter den Schiffstypen S. 132.

er mietet[1] und auf die er sich umbootet. Sie führen ihn von
Neapel zum Hofe des Papstes. Bei diesen Barken handelte
es sich natürlich nicht um Schiffe der sizilischen Kriegsflotte,
sondern um Handelsfahrzeuge, während das Pfeilschiff doch möglicherweise ein Kriegsfahrzeug gewesen ist.

Wir begegnen Peter Ruffus, der sich auf den Barken an
die päpstliche Kurie geflüchtet hatte, noch im gleichen Jahre 1255
wieder, als er sich zusammen mit dem Erzbischof Bartholomaeus
Pignatelli[2] von Cosenza an der Spitze einer Flotte[3] befand, die
gegen Kalabrien bestimmt war[4]. Dieser Seeexpedition sollte
eine Landexpedition parallel gehen, die aber nachher zu anderen
Zwecken verwendet wurde, so daß die Flotte auf sich selbst
angewiesen war. Es ist uns nicht überliefert, wie groß die
Flotte gewesen ist, aber allzustark kann sie, die möglicherweise
von Neapel aufgestellt worden ist, wohl nicht gewesen sein, denn
das Gerücht, das ihr vorausging, spricht nur von 12 Galeeren,
also mag sich ihre Zahl noch unter dieser Grenze bewegt haben.
Die Flotte wußte nicht, daß sie auf die Unterstützung des Landheeres nicht mehr zu rechnen hatte und glaubte vielmehr, daß
sie mit diesem zusammen operieren würde. So landet sie bei
S. Lucido[5] an der Kalabrischen Küste unweit des Val Crati, und
die mitgeführte Mannschaft besetzt das Kastell dieses Ortes.
Diese Landung hat Anlaß zu allerlei Gerüchten gegeben, die für
uns von Interesse sind, weil wir einmal von ihnen erfahren, daß
es sich um höchstens 12 Galeeren des Petrus Ruffus gehandelt
haben kann und weil sie auch ferner von 12 Galeeren aus
Brindisi sprechen, die angeblich bei Cotrone gelandet seien. Doch
ist an dem letzteren Gerücht anscheinend nichts wahr gewesen.
Wenn dies auch davon spricht, daß auf den Galeeren des

---

[1] „Ipsisque barcis ad locatorum velle conductis" Jamsilla a. a. O.

[2] Zur Persönlichkeit dieses Erzbischofs vgl. Arndt S. 131
Anm. 53, wo weitere Literatur angegeben ist.

[3] Vgl. auch Doeberl a. a. O. S. 259.

[4] Karst a. a. O. S. 127/128.

[5] Zu dem Ort vgl. Conrad Kretschmer: Die italienischen Portolane des Mittelalters S. 600.

Ruffus sich eine ungeheure Anzahl Bewaffneter befunden hat, so
ist dies sicher übertrieben, denn unsere einzige Quelle für alle
diese Angelegenheiten — Jamsilla[1] — berichtet später, daß es
gelang, mit den einer Gesandtschaft weggenommenen Pferden alle
Fußsoldaten, die aus der Terra di Lavoro auf den Schiffen mitgenommen waren, in Reiter zu verwandeln[2].

Wir haben in diesem Zusammenhange nicht auseinanderzusetzen, warum diese ganze Expedition gescheitert ist, für uns ist
es nur von Interesse, die Flucht des Peter Ruffus zu verfolgen,
die dieser heimlich über das Meer unternehmen mußte, um seinen
Verfolgern zu entgehen.[3]

In San Lucido bestieg Peter zusammen mit dem Erzbischof
und all denen, mit denen er gekommen war, die Galeeren; dazu
wurden noch die Flüchtlinge aus Cosenza und Rende mitgenommen.
Zuerst fuhren sie nach Tropea;[4] aber da ihnen hier verboten
wurde, an Land zu gehen, mußte Peter Ruffus weiterfahren und
versuchte, Messina anzulaufen. Aber als die Messinesen von dieser
Absicht gehört hatten, schickten sie dem Peter, als dieser am
Eingang zum Faro mit seinen Schiffen ausruhte, Boten, die ihn
hindern sollten, zur Stadt zu kommen, ja sogar den Auftrag
hatten, ihn zu veranlassen, daß er sich aus dieser Gegend entfernte. So lief Peter Ruffus in seiner Not die Insel Lipari[5] an,
wo er wenigstens die nötigsten Lebensmittel, an denen er am
meisten Mangel litt, von der Gemeinde Lipari und von Einzel-
personen erhielt, und begab sich dann nach der Terra di Lavoro, also
wohl nach Neapel zurück. Wir dürfen annehmen, daß er diese
letzte Fahrt quer über das Meer ausgeführt hat, da er sich ja
in der Nähe der ihm feindlichen Küstenstädte nicht mehr sehen
lassen durfte.

---

[1] Sp. 565 ff.

[2] Jamsilla Sp. 567 (unterm Strich Nr. 6). Vgl. zu diesen Dingen
Karst S. 127 ff.

[3] Vgl. hierzu Karst S. 132 sowie vor allem Jamsilla Sp. 570/71.

[4] Vgl. zu diesem Ort, der einen guten Anlegeplatz besaß,
Kretschmer, Portolane S. 601.

[5] Vgl. zu dieser Insel Kretschmer. a. a. O. S. 601.

Während diese Dinge sich an der adriatischen Seite Italiens abspielten, können wir auch an der tyrrhenischen Küste ein Auftreten der Flotte feststellen. Hier schiffte sich nämlich Berthold von Hohenburg im Sommer des Jahres 1255 ein, um sich nach Siponto zu begeben; wollen wir den Angaben Jamsillas [1] glauben, so führte Berthold eine große Menge Bewaffneter mit sich, auch erhebliche Lebensmittel für Menschen und Vieh und außerdem reichlich Medikamente. Zu alledem wird er wohl in Trani eine stattliche Menge Transportschiffe, unter diesen zweifellos auch Pferdetransportschiffe, haben zusammenziehen müssen, um diese Überfahrt zu bewerkstelligen. Leider ist uns über die Zusammensetzung dieser Flotte garnichts bekannt [2].

Aus dem Jahre 1256 hören wir nichts von einer Betätigung der Flotte, dagegen wissen wir mehr von ihren Leistungen im Jahre 1257.

In diesem Jahre fiel ihr nämlich bei der Belagerung von Brindisi eine ähnliche Rolle zu, wie bei der oben geschilderten von Neapel. Die Belagerung von Brindisi leitete Manfred selbst ein, als er auf der Reise von der Capitanata nach Sizilien begriffen war. Manfred hielt sich aber dabei nicht lange auf und muß den Oberbefehl nachher einem anderen übertragen haben, dessen Name uns nicht überliefert ist; wir wissen überhaupt nichts näheres von dieser Belagerung [3].

---

[1] Sp. 575. Vgl. Doeberl S. 264.
[2] Vgl. zu diesen Ereignissen Karst S. 123.
[3] B. F. 4658 a. Jamsilla Sp. 581.

4. Kapitel.

Die sizilische Flotte im östlichen Mittelmeer.

In demselben Jahre 1257 mag auch Manfreds Flotte schon eine Unternehmung im Jonischen Meere ausgeführt haben, als es sich darum handelte, die ihm von der Königin Helene in die Ehe mitgebrachten Städte wie Avalona, Berat u. a. in Besitz zu nehmen[1]. Sicherlich wird auch schon in den vorangegangenen Jahren das östliche Mittelmeer in den Interessenkreis Manfreds getreten sein, aber wir wissen nichts von diesen Dingen und können eine Tätigkeit der sizilischen Flotte um diese Zeit nur vermuten. Erst im folgenden Jahre 1258 stehen wir auf einem sichereren Boden. Wir finden Philipp Chinardus,[2] der nun schon seit einigen Jahren die sizilischen Flotte leitet, mit einem starken Geschwader vor Edessa. Was dieses Unternehmen beabsichtigte, wissen wir nicht, und ich möchte auch die mannigfach geäußerten Vermutungen an dieser Stelle nicht wiederholen, da sie für unsere Zwecke nichts ergeben und doch nichts Bestimmtes bringen[3]. Möglicherweise hat sich Manfred auf viele

---

[1] Helene Arndt: Studien zur inneren Regierungsgeschichte Manfreds S. 76, ferner C. Hopf: Geschichte Griechenlands im Mittelalter und in der Neuzeit (allg. Enzyklopädie von Ersch und Gruber Sektion I Bd. 85 S. 282).

[2] Vgl. hierzu die Biographie dieses interessanten Mannes im II. Hauptabschnitt dieser Arbeit S. 70 ff.

[3] Vgl. B. F. 4669 a, sowie Manfroni a. a. O. I, S. 430, ferner Capasso a. a. O. S. 145 Anm. 1 sowie vor allem G. del Giudice; La famiglia di Re Manfredi S. 28.

Bitten des Kaisers von Konstantinopel zur Absendung dieser Flotte veranlaßt gesehen und Interessen wahrgenommen, die ihm durch die von seiner Gemahlin in die Ehe mitgebrachten oben genannten Orte nahe lagen[1].

Wie sich die Gründe zu dieser Expedition auch immer verhalten mögen, für unsere seegeschichtliche Betrachtung bleibt die Tatsache bestehen, daß Manfred gewillt war, im Kampf um die Seegeltung auf dem östlichen Teil des Mittelmeeres auch energisch seiner Flotte Geltung zu verschaffen und dort seine Flagge zu zeigen. Das mag er schon in der Wahl seines Admirals Philipp Chinardus der Welt angedeutet haben, da dieser nicht, wie es seit langem für die sizilische Flotte üblich war, aus Genua stammte, sondern aus dem östlichen Teile des Mittelmeeres, aus Cypern[2]. Über die Ereignisse des Jahres 1258 berichtet unsere einzige Quelle folgendes[3]: „Zur Zeit Manfreds, des Fürsten von Tarent, im ersten Jahre seiner Königsherrschaft, im Jahre 1258, am 17. des Monats Juni segelten auf Befehl des Fürsten[4] Manfreds selbst nach den Gestaden Romaniens die Seeleute mit seinem Geschwader, bestehend aus 100 Galeeren unter der Führung des Philipp Lenardi (Chinardi) desselben Königs Admiral nach der Provinz Mazedonien mit günstigem Wind." Was läßt sich nun aus dieser höchst unklaren Quellenstelle, der einzigen, die die Kunde von dieser Expedition bewahrt hat, gewinnen?

Einmal die Tatsache, daß der Admiral die Expedition selbst geleitet hat und daß es sich somit um ein wichtiges Unternehmen handelt und dann die Größe des Geschwaders selbst von

---

[1] Vgl. hierzu Arndt a. a. O. Regestenanhang 6, sowie S. 121 Anm. 2.

[2] Auf die mannigfachen Probleme, die sich an die Frage der Abstammung Philipps anknüpfen, wird später bei der biographischen Betrachtung des Admirals gründlich einzugehen sein (S. 70 ff).

[3] Historia translationis S. Thomae apud Ortonam herausgegeben von Ughelli: Italia Sacra Bd. VI, S. 774 (2); dann von Capasso a. a. O. S. 145.

[4] Über die Bezeichnung als Princeps vgl. B. F. 4669 a.

100[1] Galeeren! Doch dürfte diese Zahl nur mit äußerster Vorsicht übernommen und muß wahrscheinlich als übertrieben zurückgewiesen werden. Selbst in der Zeit der höchsten Blüte der sizilischen Flotte — in der Periode des Kampfes mit Genua — hat die Flotte niemals eine derartige Zahl von Galeeren aufgebracht[2], obwohl wir doch wissen, daß in dieser Zeit alle Werften des Königreiches aufs fieberhafteste arbeiteten, um so viel Schiffe als möglich fertig zu stellen. Auch übertrifft die Zahl 100 bei weitem die Flottenaufgebote der mächtigen Seestadt Genua[3]. Kaum ein Drittel der angegebenen Zahl Galeeren wird sich an dieser Expedition beteiligt haben, denn es ist nicht anzunehmen, daß Manfred seine gesamte Schlachtschiffflotte nach der fernen Levante gesandt und während dieser Zeit sein heimatliches Reich völlig von dieser wichtigen Waffe entblößt hat.

Die Ankunft dieser Flotte hat die Einwohner von Edessa, wo sie landete, derartig in Angst und Schrecken gesetzt, daß sie, wie der Chronist berichtet, die Stadt fast leer zurückließen und flüchteten. Und was ist dann natürlicher, als daß sie die Zahl der Gegner ins ungemessene übertrieben, um ihre eigene Angst begreiflicher erscheinen zu lassen! Schon am folgenden Tage trat die sizilische Flotte „tentis carbasis" die Rückreise an. Ob die Expedition irgendwelche greifbaren Resultate gebracht hat, wissen wir nicht; aber das östliche Mittelmeer blieb auch fernerhin Operationsgebiet der sizilischen Flotte, denn im Jahre 1259 kämpften Hilfstruppen Manfreds in Mazedonien und nahmen wohl auch an der Schlacht bei Achrida oder Castoria teil. Die Verbindung mit ihnen hat die sizilische Flotte sicherlich aufrecht

---

[1] Vgl. Arndt, a. a. O. S. 35, der diese 100 Galeeren als tatsächlich vorhanden annimmt, während doch nähere Überlegung zeigen muß, daß die Zahl weit übertrieben ist; auch Loffredo: Storia di Barletta I, S. 267 nimmt diese Flotte von 100 Galeeren tatsächlich als ausgefahren an; m. E. in dieser Höhe mit Unrecht.

[2] Vgl. Cohn: Der Kampf der Flotte Friedrichs II. mit Genua, Zeitschrift „Überall", Januarheft 1916, S. 203 ff.

[3] Vgl. Eduard Heyck: Genua und seine Marine im Zeitalter der Kreuzzüge. S. 111 ff.

erhalten, und so durfen wir für dieses Jahr einen ganz besonders regen Verkehr zwischen dem Königreich und jenem Lande auf dem Mittelmeer annehmen[1].

Übersehen wir den ganzen weiten Kreis der Beziehungen Manfreds zur See, wie sie in dem vorstehend Geschilderten zum Ausdruck kommen, wozu aber noch solche zu Sardinien, Genua, Venedig, Illyrien und Aragonien traten, auf die später noch einzugehen sein wird, und die alle mit einem mannigfaltigen Verkehr der Flotte verbunden waren, so können wir wohl Hampe[2] zustimmen, wenn er sagt, daß um die Zeit des Todes des Papstes Alexander Manfreds Einfluß zur See herrschend war. Er hatte es in der abgelaufenen Zeit verstanden, der Seemacht seines Staates die Geltung zu geben, die sie unter Friedrich II. im Rate der seefahrenden Völker des Mittelalters eingenommen hatte und die sie vorübergehend in der Zeit der Bürgerkriege im Königreich verloren hatte.

Im Jahre 1262 wird so recht klar, was die sizilische Flotte im Mittelmeer bedeutete; Balduin, der letzte lateinische Kaiser, war aus Konstantinopel vertrieben worden, in das Michael Palaeologus eingezogen war. Dem letzteren stand Genua mit seiner Seemacht zur Seite. An eine Wiedereroberung der verlorenen Stadt war für Balduin nur zu denken, wenn auch ihm eine Seemacht zur Verfügung stand, und Venedig unterstützte den vertriebenen Kaiser zunächst nur auf diplomatischem Wege.[3]

Urban IV., der das größte Interesse daran haben mußte, gegen den schismatischen Kaiser vorzugehen, war sich darüber klar, daß dies nur möglich war, wenn er dabei auf die Hilfe der sizilischen Flotte rechnen könnte. Die Vernichtung aber der staufischen Herrscher erschien ihm so sehr als oberste Aufgabe, daß er daran nicht denken wollte und es so ruhig mit ansah, daß Konstantinopel den Lateinern endgültig verloren ging. Um

---

[1] Vgl. hierzu B. F. 4709, ferner Karl Hampe: Urban IV. und Manfred, S. 13. sowie Capasso, a. a. O. S. 188 ff., vor allem auch del Giudice: La famiglia di re Manfredi, S. 29.

[2] Urban IV., a. a. O. S. 13.

[3] Caro: Genua und die Mächte am Mittelmeer, Bd. I, S. 124.

den Preis eines Bündnisses mit Sizilien und seiner Flotte hätte er dies Land der Kurie erhalten können.[1] Daß Manfred diese Möglichkeit, die ihm seine Flotte bot, ausgenutzt hat, um einen Druck auf den Papst durch den Exkaiser Balduin ausüben zu lassen, wissen wir[2]; wäre Urban darauf eingegangen, so hätte die sizilische Flotte versucht, Konstantinopel und Jerusalem zu erobern, dafür hätte Manfred seinen Frieden mit dem Papst machen können, und seine Stellung im Königreiche wäre aufs stärkste neu verankert worden. Dies ist ein Ausblick, der ungeheure Möglichkeiten erschließt; daß es anders gekommen ist, lag in der einseitig antistaufisch eingestellten Auffassung des Papstes. Für uns aber ist die Feststellung wichtig, daß Manfred im Vertrauen auf seine Flotte dies Angebot an den Papst überhaupt ergehen lassen konnte, und wir sehen darin vor allem einen erneuten Beweis für die Größe und Bedeutung der sizilischen Flotte in jener Zeit.

---

[1] Vgl. Caro, a. a. O., Bd. I, S. 125.
[2] Vgl. Caro, a. a. O., Bd. I, S. 124.

5. Kapitel.

Die sizilische Flotte und die Überfahrt Karls von Anjou nach Rom.

Wieder hören wir lange Jahre nichts von der Tätigkeit der sizilischen Flotte. Aber wird uns auch nichts von ihr berichtet, so dürfen wir das mit Untätigkeit nicht gleichsetzen, im Gegenteil haben die Interessen Manfreds im östlichen Mittelmeere nicht nachgelassen, die Verbindung mit den jonischen Inseln, auf denen Philipp Chinardus als Vertreter des Königs herrschte, hat sicherlich der Flotte genug Anlaß zu Fahrten dorthin gegeben, zumal Philipp ja als Admiral des Königreiches auch nicht dauernd von Italien abwesend sein konnte.

Auch innerhalb des Königreiches selbst war manche kleinere Fahrt auszuführen. So begab sich Manfred am Ende des Frühlings im Jahre 1262 von Neapel aus auf dem Seeweg nach Sizilien, wobei er Messina anläuft, dann weiter nach Palermo fährt und schließlich auf der Rückkehr nach Lago Pesole südlich Melfi wieder in Messina landet. Über die Stärke und Zusammensetzung dieses Geschwaders ist nichts bekannt[1], auch wissen wir nicht, wo er nach der Abfahrt von Messina in Unteritalien gelandet ist.

Konnten wir feststellen, daß gegen Ende der 50er Jahre des 13. Jahrhunderts der Schwerpunkt der Tätigkeit der sizilischen Flotte im östlichen Mittelmeere lag, so tritt nun um die Mitte des folgenden Jahrzehnts eine Verschiebung ein; das tyrrhenische Meer tritt in dem Augenblick in den Vordergrund, als Urban IV. mit Karl von Provence über die Übernahme der Königskrone

---

[1] B. F. 4734 d—4738 a.

von Sizilien zu verhandeln beginnt. Nun muß Manfred das
Schwergewicht der Tätigkeit seiner Flotte auf die Beherrschung
des tyrrhenischen Meeres legen, insbesondere auf die der Ver-
bindungswege zwischen Marseille und Rom.

Über diese Dinge sind wir nur höchst ungenügend unterrichtet, wir wissen lediglich aus einem Brief Urbans vom
21. Mai 1264[1], wie sich Manfred bemühte, dem Papst die Verbindung abzuschneiden. Damals befand sich der Vikar Karls,
Jakob Gantelmi, in Rom, aber er war zur Untätigkeit verdammt,
da Manfreds Flotte ihn in keine Verbindung mit seiner Heimat
treten ließ. Wir haben uns diese Flotte um jene Zeit vor Ostia
kreuzend zu denken.[2]

Diese Fahrten waren der Auftakt zu den größeren Ereignissen zur See im folgenden Jahre 1265.

Noch einmal vor dem Untergang des hohenstaufischen Hauses
war die sizilische Flotte, eine Schöpfung der Normannen und
Staufer berufen, in den Ereignissen eine entscheidende Rolle zu
spielen, und wenn sie die Dinge nicht hat aufhalten können, mag
Ungunst des Wetters, das im entscheidenden Augenblick die
Flotte lähmte, mehr schuld daran gewesen sein als die Leitung.

Da Karl von Anjou auf dem Seeweg nach Italien kommen
mußte, ging Manfred mit aller Kraft daran, die Flotte auf einen
so hohen Stand zu bringen, daß sie imstande war, ihm den Seeweg zu verlegen. Er mag also den Ausbau seiner Flotte energisch
betrieben und auch darauf gesehen haben, daß die Leistungen,
die ihr an Matrosen, Schiffsgeldern und Schiffsbauholz zustanden,
auch in vollem Maße erfüllt wurden.[3] Auch in seiner auswärtigen
Politik legte er auf die Beziehungen zu Pisa und Genua den

---

[1] B. F. 9439, der Brief selbst ist abgedruckt Monumenta Germaniae Epistulae pontificum Bd. III, 600: ad hoc etiam ibi navigio
deputato.

[2] Hampe, Urban, S. 46/47.

[3] Vgl. die Urkunde Manfreds für Nicolaus Tavilii bei K.
Andreas Kehr: Staufische Diplome im Domarchiv zu Patti (Quellen
und Forschungen aus italienischen Archiven und Bibliotheken, Bd. 7,
S. 180/81); vgl. Bergmann, a. a. O., S. 14, B. F. 4757; auf diese
Flottenrüstungen ist bei der inneren Geschichte noch einzugehen.

Hauptwert: „Denn Karl mußte wohl übers Meer kommen, und ihm dieses Unterfangen von vornherein unmöglich zu machen oder den begonnenen Versuch einer Überfahrt zum Scheitern zu bringen, das war natürlich der Zweck der Rüstungen Manfreds und das Ziel seiner Diplomatie", so formuliert Bergmann[1] treffend die damalige Lage.

Nach der Geschichte der Flotte und ihren bisherigen Leistungen hat Manfred ein gewisses Recht darauf gehabt, auf seine Seemacht die größten Hoffnungen zu setzen. Gewiß war das dann „freilich eine Wahrscheinlichkeitsrechnung, da Sturm und Welle leicht den sicher erwarteten Erfolg der überlegenen Flotte in Frage stellen konnten", wie Bergmann[2] sagt, aber schließlich ist die Entscheidung zur See immer auf derartige Dinge angewiesen, und Manfred pochte eben auf das Wetterglück! Die Überlegenheit der Flotte und ihre Ausrüstung hat den Gegner schon vorher beunruhigt, der eben auch alles auf eine Karte setzte, um doch nach Rom zu gelangen. Aller Wahrscheinlichkeit nach mußte Karl von Anjou mit seinen schwächeren Seestreitkräften den kürzeren ziehen. Darauf mag auch Manfred dem Papste gegenüber noch besonders hingewiesen haben. Wieso es nun aber doch anders gekommen ist, werden wir sodann zu zeigen haben.

Es ist nicht ausgeschlossen, daß Manfred vielleicht schon im Jahre 1264 einen Aufruhr gegen Karl von Anjou durch Absendung einer Flotte unterstützt habe. Doch bieten unsere Quellen in diesem Punkt zu wenig, um zu einem sicheren Ergebnis zu kommen[3].

Vorläufig im April 1265 ging die sizilische Flotte noch einmal aktiv gegen Marseille vor. Die sizilischen Annalen be-

---

[1] A. a. O. S. 14.

[2] A. a. O. S. 47.

[3] Vgl. hierzu O. Cartellieri: Peter von Aragon und die sizilianische Vesper, S. 10, Anm. 3; gegen ihn macht Hampe, Urban IV. und Manfred mit Recht geltend, daß die B. F. 4457a erwähnte Flottenexpedition in das Jahr 1265 gehört. Vgl. Arndt, a. a. O., S. 193, Regestenanhang Nr. 30.

richten, daß um diese Zeit der König Manfred seine Flotte
(extolium suum) ausgeschickt habe, um Marseille zu belagern[1].
Näheres über diesen Blockadeversuch hören wir nicht; er kann
auch weiter nichts erreicht haben. Bergmann[2] macht mit Recht
darauf aufmerksam, daß die Operationen der Flotte und des
Landheeres zusammenhangslos verliefen, „so daß ein taktisches
Zusammengehen von Heer und Flotte, wie es gerade Rom gegenüber wirkungsvoll gewesen wäre, diesen Angriffen nicht zugrunde lag".

Sicherlich haben ständig sizilische Schiffe damals auf dem
tyrrhenischen Meere gekreuzt[3], aber ein Unterbinden des Seeverkehrs haben sie nicht vollbringen können, und doch wäre
dies von ausschlaggebender Bedeutung für die ganze spätere
Entwicklung der Dinge gewesen. Denn der unbehinderte Botenverkehr über das Meer[4] — man denke nur an die Fahrt des
Rats und Gesandten Karls, Rudolf — ließ alle Vorbereitungen
treffen, die der Überfahrt Karls selbst vorangehen mußten[5].
Von einer tatsächlichen Beherrschung des tyrrhenischen Meeres
von der Manfred sprach und auf die schließlich alles ankam,
konnte also nicht die Rede sein. Clemens IV. hatte also eine
Berechtigung, schon Ende April 1265 den Erfolg Manfreds
wegen der Sperrung der Wege zu Wasser und auf dem Lande
anzuzweifeln[6]. Hier ist möglicherweise von der sizilischen

---

[1] Annales siculi M. G. SS. XIX, S. 499 nennen das Jahr 1263,
aber nach der Indiktionsangabe kann es sich nur um das Jahr 1265
handeln, wie Hampe in seinem „Urban IV und Manfred", S. 45 Anm. 1,
richtig nachweist; die Auffassung (vgl. B. F. 4757 a) von Cartellieri
a. a. O. S. 10 ist abzulehnen.

[2] A. a. O. S. 13.

[3] Bergmann, a. a. O., S. 13, Malaspina 811: „Jam per maris ex-
cubias multitudo galearum invigilat, et velut pirata aemulus classes
freta circumeunt numerosae". Vgl. Jamsilla, Sp. 594.

[4] Vgl. liber rubeus civ. Mars. erwähnt von Sternfeld, Karl von
Anjou a. a. O., S. 196, Anm. 2.

[5] Vgl. Manfroni, a. a. O., II, S. 35, der eine Reihe von derartigen
Fahrten zusammenstellt.

[6] B. F. V, 9516, Martène et Durand, Thesaurus Anecdotorum
Nr. 226: „Terrarum marisque conclusio".

Flottenleitung manches verabsäumt worden, oder sie fühlte sich
so sicher in dem Gedanken, daß sie die endgültige Überfahrt
Karls auf alle Fälle verhindern könnte, daß sie es für unter
ihrer Würde hielt, kleineren Fahrten überhaupt erst Schwierigkeiten in den Weg zu legen.

Es entsteht nun sogleich die Frage: wer stand an der
Spitze der sizilischen Flotte und wer leitete diese Unternehmungen, von deren Gelingen der Fortbestand der Stauferherrschaft
im unteritalienischen Königreiche abhing?

Die Quellen, die von den Ereignissen dieser Jahre reden,
nennen keinen Namen[1], aber es ist wohl nicht daran zu zweifeln, daß Philipp Chinardus selbst, der uns sonst als Admiral
Manfreds begegnet, diese Operationen geleitet hat. Eine darauf
hinzielende Vermutung wird durch eine Notiz in einem Genueser
Notariatsakt bestätigt, die Manfroni mitteilt[2]. Hier wird im
Jahre 1265 Philipp Chinardus ausdrücklich als „Admiratus regis
siciliae"[3] bezeichnet.

Als zweite Frage muß uns die beschäftigen, ob Philipp
Chinardus auch innerlich auf Seiten Manfreds stand und restlos
sein bestes Wissen und Können in dessen Dienst stellte oder ob
er etwa mit Karl von Anjou sympathisierte und so die maritimen
Maßnahmen absichtlich unzureichend gestaltete. Diese Möglichkeit, daß er Manfred nicht treu war, faßt Manfroni[4] ins Auge;
zur Begründung führt er an, daß schon am 16. Januar 1267 der
Sohn Philipps, Gazus Chinardus, von Karl I. zum Generalkapitän
der Insel Korfu ernannt worden ist[5]; dies hätte der neue König
nicht getan, wenn er es wirklich mit dem Sohne seines erbittertsten
Feindes zu tun gehabt hätte.

---

[1] Vgl. Bergmann, a. a. O. S. 46, Anm. 3.
[2] Vgl. Manfroni, a. a. O. II, S. 34 Anm.
[3] Arch. von Genua; Reg. III, 235.
[4] A. a. O. II, S. 35; Arndt, a. a. O., S. 77, hält diesen Zweifel
für unbegründet.
[5] Gazus ist wohl nicht der Sohn, sondern der Neffe Philipps
gewesen. Vgl. zu seiner Ernennung G. del Giudice: Codice diplomatico del regno di Carlo I e II d'Angio. Bd. I, S. 278.

Es wird aus dem in dem zweiten Teile der Arbeit zu entwerfenden Lebensbilde des Philipp Chinardus sich mit jeder wünschenswerten Deutlichkeit ergeben, daß an seiner Treue zu Manfred nicht zu zweifeln ist, wofür insbesondere der erbitterte Haß des Papstes gegen ihn beweisend ist. Keineswegs aber ist die Ernennung des Gazus Chinardus zum Generalkapitän von Korfu in dem Sinne aufzufassen wie es Manfroni tut. Hierin haben wir lediglich eine politische Maßnahme zu erblicken, die dem König mit Hilfe der in Korfu eben sehr mächtigen Familie die Herrschaft sichern sollte; auch mag sie Karl von vornherein als Notmaßnahme angesehen haben, da er, sobald als es die Verhältnisse zuließen, Gazus durch einen anderen ersetzte.

Hier scheint mir aber eine dritte Aufgabe viel bedeutsamer zu sein, nämlich die Untersuchung der maritimen Maßnahmen, die Philipp traf, um die Überfahrt Karls nach Italien zu verhindern. Sollte sich aus diesen eine absichtliche Nachlässigkeit herleiten lassen, so würde dies in der Tat einen schweren Vorwurf gegen Philipp bedeuten.

Da, wie vorhin gesagt, Manfroni die Nachricht der sizilischen Annalen ablehnt, daß die Flotte des Königreichs Marseille Ende April belagerte, machte er der sizilischen Flottenleitung aus dem Unterlassen dieser Maßnahme einen schweren Vorwurf.

Ist Manfronis methodisches Verfahren auch durchaus anfechtbar, denn es ist aus nichts ersichtlich, warum wir unsere Kunde lediglich aus den Genueser Annalen schöpfen wollen, deren Unzuverlässigkeit gerade für Vorgänge, die nicht unmittelbar im Sichtbereich von Genua sich abspielen, für d i e s e s Jahr, wie zu zeigen sein wird, klar auf der Hand liegt, so liegt seinem Einwurf eine sachliche Berechtigung zugrunde. Es ist ja ganz klar, daß eine Blockade der Küste, von der Karl abfahren mußte, wirksamer gewesen wäre, als der, an der er landen wollte. Es ist also auf den ersten Blick nicht ersichtlich, warum die Schiffe, die Marseille Ende April belagerten, zurückgerufen wurden und warum der Schwerpunkt der Operationen vor die Küste Latiums gelegt wurde. Manfroni hat also zunächst recht[1], wenn

---

[1] A. a. O. II, S. 35.

er sagt. „Karl würde sich nicht auf das Abenteuer eingelassen haben, das Meer mit wenigen Galeeren zu durchfahren, wenn eine große feindliche Streitmacht im Löwengolf gekreuzt oder bei Hyères oder der Küste von Nizza im Hinterhalt gelegen hätte". Warum man dies nicht getan hat, wissen wir nicht, aber es läßt sich darauf hinweisen, daß eine derartige, von den heimischen Stütz- punkten doch weit entfernte Blockade für die sizilische Flotte mit nicht unbeträchtlichen Schwierigkeiten verknüpft war, ferner daß ihr der Rückhalt an einem nahegelegenen starken Hafen fehlte, aus dem sie ihre Vorräte ergänzen und wo sie Reparaturen aus- führen konnte.

Philipp Chinardus war ja nur noch Admiral des sizilischen Königs, nicht mehr Reichsadmiral wie sein Vorgänger Ansald von Mari, der zur Zeit des großen Kampfes mit Genua unter Friedrich II. kraft dieser Würde auch eine amtliche Stellung in den oberitalienischen Seestädten eingenommen hat. Auch hatte Manfreds Politik gegen Pisa, anstatt der Flotte in diesen Gegenden einen Freund zu schaffen, ihr diese Stadt zum Feind gemacht[1], und so ist dieser diplomatische Mißerfolg ein Vorspiel zu dem maritimen geworden.

Es ist Manfred auch nicht gelungen, Genua so an sich zu ziehen, daß es die Überfahrt Karls verhindern wollte. Dies hätte diesem Staate bei seiner geographischen Lage viel leichter werden müssen als der sizilischen Flotte. So wäre diese vor Marseille völlig auf sich angewiesen gewesen, eine Tatsache, die dann die Flottenleitung veranlaßt haben mag, die Schiffe nach Gaeta[2] zurückzunehmen und von hier aus der Flotte Karls von Anjou vor der Tibermündung entgegenzutreten.

Vielleicht hat Manfred überhaupt den Gegner unterschätzt und die ganze Sache zu leicht genommen[3]. Dazu kommt, daß Manfred nicht selbst als Fachmann in Seeangelegenheiten anzu-

---

[1] Vgl. Bergmann, a. a. O. S. 14 ff.

[2] Vgl. hierzu B. F. 9522 sowie Martène Nr. 57; hier schreibt Clemens IV. unter dem 19. Mai, daß er gehört habe, „quod a Cajeta citra procedunt aliae quinquaginta galeae".

[3] Vgl. Bergmann a. a. O. S. 47 Anm. 1.

sprechen ist, wie man dies Friedrich II. gegenüber tun kann. Da uns die Akten für jene Zeit nicht erhalten sind und wir nicht wissen, welche Befehle Manfred seinem Admiral erteilt hat, so ist es ganz unmöglich auseinanderzusetzen, inwieweit die getroffenen Maßnahmen auf den König zurückgehen und inwieweit auf den Admiral.

So mag Manfred selbst mehr ein Verschulden treffen, als seinen Admiral, der nach Lage der Sache wohl kaum anders handeln konnte und sicher so nach eingehender seemännischer Überlegung gehandelt hat.

Verfolgen wir nun zunächst die Fahrt Karls von Anjou. Den Tag der Abfahrt kennen wir nicht genau, jedoch wird sie um den 10. Mai 1265 stattgefunden haben[1].

Karl nahm nur ein verhältnismäßig kleines Geschwader mit sich[2]. In dieser Beziehung dürfen wir der Angabe der Genueser Annalen Glauben schenken; denn die Genuesen konnten ja am Morgen des 14. Mai, als Karl an ihrem Hafen vorbeifuhr,

---

[1] Vgl. hierzu B. F. 14264a, wo mit Recht der Irrtum Richard Sternfelds in seinem „Karl von Anjou" (Berlin 1888) S. 245 zurückgewiesen wird; dieser nimmt nämlich das Datum, das die Genueser Annalen als Abfahrtsdatum von Genua angeben, als Abfahrtsdatum von Marseille an. Vgl. Annales Januenses M. G. SS. XVIII S. 252; ferner O. Cartellieri: König Manfred (Centenario della Nascita di Michele Amari Bd. 1 Palermo 1910) S. 132. Falsch wird auch das Abfahrtsdatum angegeben in dem Werke von Henry Dwight Sedgewick „Italy in the thirteenth century" London 1913 Bd. 2 S. 53. Dies glänzend ausgestattete Werk berücksichtigt überhaupt nicht die neuere Literatur und führt für Manfred nur das längst veraltete Werk von Cesare: Storia di Manfredi, Napoli 1837, an. Zu dem Abfahrtsdatum vgl. auch Caro, Genua und die Mächte am Mittelmeer Bd. 1 S. 172 Anm. 3, der gleichfalls den Angaben des Genueser Chronisten vollen Glauben schenkt.

[2] „Una bella flotta" nennt Carlo Merkel in seinem Aufsatze: „La dominazione di Carlo I. d'Angio in Piemonte e in Lombardia" S. 241 das Geschwader Karls von Anjou. Im übrigen geht Merkel nicht auf die seegeschichtlichen Probleme ein, die diese Überfahrt bietet.

das Geschwader mit eigenen Augen besichtigen[1]. Es bestand
nach der Aufzeichnung ihres Chronisten aus 27 Galeeren und
ungefähr 3 kleineren Schiffen[2], die Transportzwecken gedient
haben müssen, denn im Gefolge des Grafen befanden sich
500 Ritter und 1000 Armbrustschützen, eine Zahl, die die Genueser Annalen angeben, die mir aber noch reichlich hoch ge-
griffen zu sein scheint[3], da die Begleitschiffe ja ausdrücklich als
kleinere Schiffe bezeichnet werden[4]. Während die Genuesen bei
der Vorbeifahrt der Flotte an ihrem Hafen die Zahl der Schiffe
rasch übersehen konnten, blieb ihnen natürlich der Einblick in
die Zahl der auf diesen untergebrachten Mannschaften versagt,
und deshalb wird die angegebene Zahl nur als ungefähr aufzufassen sein.

Mit Manfreds überlegener Flotte es im Kampfe aufzunehmen, daran konnte Karl von Anjou im Ernst nicht denken; sein
Plan war nur auf einen Überraschungserfolg angelegt, der darauf hinzielen konnte, ungesehen von Manfred an der Tibermündung zu landen. Schon aus diesem Grunde wird er die Flotte
nicht allzugroß gemacht haben! Es kam ja nur auf ein Durch-
schlüpfen an.

Auch Andreas Ungarius[5] gibt uns die Flotte nur auf 20

---

[1] Vgl. hierzu die ausgezeichnete methodologische Bemerkung
bei Manfroni a. a. O. II, S. 36, Anm. 3, der mit Recht darauf hinweist,
daß bei Nachrichten über Schiffe nicht Chronisten des Inlandes zu
hören sind, sondern solche der Küste, die die Schiffe gesehen haben,
und daß deshalb hier die Nachricht der Genueser Annalen weit über
den anderen steht. Vgl. hierzu Caro a. a. O. S. 172.

[2] Annales Januenses a. a. O. S. 252: cum galeis 27 et cum aliis
lignis minutis.

[3] Hier ist auch hinzuweisen auf die Nachricht in den Annales
S. Justinae Patavini M. G. SS. XIX S. 187, in der ausdrücklich gesagt
ist, daß Karl „cum electa manu militum de partibus Gallie per mare
Tyrrhenum ad Romanum portum pervenit"; diese „electa manus" wird
nicht allzugroß gewesen sein.

[4] Sedgewick a. a. O. II, S. 53, spricht von „some thirty galleys
and a thousand men".

[5] Andreae Ungarii Descriptio victoriae a Karolo com. reportatae
M. G. SS. XXVI, S. 564; ohne näheres anzugeben, nur daß er „per
mare" kam, schreiben die Annales Parmenses M. G. SS. XVIII, S. 679.

Galeeren an, aber dieser hatte ein Interesse daran, sie möglichst klein darzustellen, um nachher zu zeigen, daß auch die 60 Galeeren starke Flotte Manfreds mit ihr nicht fertig werden konnte.

In einem Briefe an die Kardinäle schreibt Clemens, daß am 15. Mai 80 Schiffe Karls von Anjou bei Porto Venere gelandet sind[1]. Wie erklärt sich nun diese auffällige Verschiedenheit in der Zahlenangabe von der aller anderen Quellen? Sternfeld[2] meint, daß diese Schiffe in Nizza, wo ja auch gerüstet worden ist, hinzugekommen seien; doch geht es nicht an, dies anzunehmen; sind wirklich in Nizza noch einige Schiffe hinzugekommen, so sind diese in der Zahl inbegriffen, die der Genueser Chronist aufzeichnet; denn seine Mitteilung geht auf Beobachtungen zurück, und wir dürfen wohl annehmen, daß sein fachmännisch geschultes Auge die Zahl der Schiffe richtig sah. Doch gibt es eine andere Lösung, auf die Caro hinweist[3]. Des Papstes Mitteilung geht auf einen Bericht der Luccesen zurück, die die Flotte am 15. Mai in Porto Venere sahen[4]. Diese haben hier die Beiboote der Galeeren als selbständige Schiffe mitgezählt, wodurch sie auf die Zahl 80 kamen[5].

Ausdrücklich sagt ja auch Papst Clemens IV. in seinem Schreiben, daß es 80 Fahrzeuge waren, wobei die kleinen und großen zusammengezählt sind[6].

Auch im weiteren Verlauf seiner Fahrt hielt sich Karl, wie das damals ja allgemein so üblich war, an die Küstenlinie, wohl auch in dem Gedanken, falls irgendwo die überlegene Flotte

---

[1] B. F. 9522, Martène Nr. 57 sowie auch Del Giudice, Codice Bd. 1, S. 3, Nr. 2.

[2] A. a. O. S. 245 Anm. 1.

[3] Genua und die Mächte am Mittelmeer Bd. 1 S. 172 Anm. 3.

[4] Del Giudice Codice Bd. 1 S. 3.

[5] Über dies Beiboot: „Barca de canterio" vgl. Belgrano: Documenti inediti riguardanti le due crociate di S. Ludovico IX, re di Francia S. 129 und S. 6.

[6] „Cum octoginta lignis conumeratis parvis et magnis" Martène a. a. O. Nr. 57, B. F. 9522. Vgl. auch noch Capasso a. a. O. S. 271 Anm. 4, der die Zahlenangabe über die Stärke des Geschwaders zusammenstellt.

Manfreds auftauchte, schnell Schutz suchen zu können; aber seine Fahrt verlief ohne jede Belästigung durch diese.

In Porto Venere traf Karl, wie schon gesagt, am Morgen des 15. Mai ein[1] und mußte hier wegen ungünstigen Wetters landen; der Wind wehte wohl gerade entgegengesetzt[2]; so hatte Karl zu diesem verhältnismäßig kleinen Stück einen ganzen Tag gebraucht, ein Beweis dafür, wie ungünstig die Witterungslage war. Aber Karl verfügte ja über einen ganz ausgezeichneten Seemann, Wilhelm Carnutus, der alle „Straßen und Engen des Meeres" kannte und kurz vorher dieselbe Seereise gemacht hatte; so konnte Karl mit dem Gefühl die Reise fortsetzen, einen sicheren Führer zu haben[3].

Auf der Fahrt hinter Porto Venere legte sich der Sturm auch noch nicht; er warf die Flotte ans Land[4]. Dies geschah etwa am 18. Mai[5].

Ein Feind zeigte sich aber auch fernerhin nicht, und so gelangte die Flotte an die Tibermündung. Diese hatte der sizilische Admiral durch Pfähle verrammeln lassen, auch zwei mit Steinen beladene Schiffe waren dort versenkt worden[6], aber die sizilische Flotte selbst traf der provençalische Graf dort nicht an, diese hatte ein furchtbarer Sturm ins hohe Meer, ja bis weit nach Norden, wenn wir Malaspina[7] glauben wollen, bis in die Gegend von Genua verschlagen.

---

[1] B. F. 9522; Martène Nr. 57: „In crastino Ascensionis Dominicae".

[2] „Licet tempus habuisset adversum", Martène Nr. 57. Vgl. auch dazu Caro a. a. O. Bd. 1 S. 172 Anm. 3, der gegen Merkel Mem. Acc. Tor. S. 2 Bd. 41 S. 241 polemisiert, welcher dies übersehen hat.

[3] Sternfeld: Karl von Anjou S. 244.

[4] Dies nach Joh. Villani: Historia, ex cod Mss. Recanati herausgegeben von Muratori R. I. SS. XIII S. 227.

[5] So Capasso a. a. O. S. 237 Anm. 4.

[6] Ich stimme mit Bergmann a. a. O. S. 52 Anm. 2 darin überein, daß hier der Nachricht des Malaspina der Vorzug zu geben ist vor der der Genueser Annalen, die fälschlich berichten, daß die Tibermündung erst nach Ankunft Kaiser Karls verrammelt worden ist, was ganz unsinnig wäre.

[7] „In districtum Janne valida tempestas impulerat".

Befand sich überhaupt in dem Augenblick, in dem die provençalische Flotte vor der Tibermündung erschien, die sizilische Flotte auf See? Auch darauf läßt sich eine gewisse Antwort nicht geben! Die an den Papst gelangten Meldungen, die dieser in seinem schon mehrfach zitierten Brief wiedergibt[1], sprechen von 4 sizilischen Galeeren, die auf hoher See gesehen wurden, während weitere 50 noch aus Gaeta auslaufen sollten. Es besteht also die Möglichkeit, daß in dem Augenblick, auf den alles ankam, der Hauptteil der sizilischen Flotte noch im sicheren Hafen lag[2] und den Zeitpunkt zum Auslaufen verabsäumt hatte[3].

Ich möchte aber dies noch nicht für wahrscheinlich halten und eher annehmen, daß der heftige Sturm[4], der jene Gegenden damals heimsuchte, die Flotte weit ins hohe Meer hinausgetrieben und ihr ein Halten vor der Tibermündung unmöglich gemacht hatte. Wie gewaltig dieser Sturm in der Tat gewesen sein

---

[1] B. F. 9522, Martène Nr. 57.

[2] Bergmann a. a. O. S. 51 hält es für möglich, daß die Flotte verspätet benachrichtigt worden ist, weil „man auf Manfred'scher Seite nicht damit rechnete, daß Karl sich von seinem Heere trennen würde". Doch scheint mir das nicht das Wahrscheinliche; die Kunde, daß Manfred unterwegs ist, mag wohl doch durch Vorpostenschiffe rechtzeitig an den sizilischen Admiral gebracht worden sein.

[3] Vgl. Bergmann a. a. O. S. 51. Bergmann fußt hier auf dem bei Martène Nr. 57 abgedruckten Brief des Papstes. Hierbei ist jedoch zu beachten, daß dieser Brief zwar am 19. Mai geschrieben worden ist, und auf Briefen beruht, die wohl an diesem Tage in die Hand des Papstes gelangt sind, die aber schon mindestens am Tage vorher geschrieben sind. Diese „Quellenbriefe" aber fußen wiederum auf einer Nachricht aus Gaeta, die bei der Entfernung Gaeta—Rom wiederum ein bis zwei Tage älter sein muß. Wir kommen also bei vorsichtiger Berechnung zu dem Resultat, daß am 16. Mai die Galeeren noch in Gaeta gelegen haben, woraus wir aber nicht schließen dürfen, daß dies am 21. Mai, dem Tage der Landung Karls in Ostia, noch der Fall war.

[4] Auch Clemens weist in seinem viel zitierten Briefe (Martène Nr. 57) einschränkend darauf hin, daß Karl wohl nur dann nach Rom kommen würde, „si temporis qualitas patiatur", also hat man mit heftigem Seesturm um diese Jahreszeit gerechnet.

muß geht aus der Tatsache hervor, daß die Nachricht davon bis
nach Erfurt gedrungen ist und in der dortigen Chronik ihren
Niederschlag gefunden hat[1].

Daß die gesamte Flotte 60 Galeeren betragen hat, ist uns
durch eine Reihe von Quellen verbürgt; es war dies auch schon
eine recht ansehnliche Zahl; zweifellos hatte Manfred zu diesem
Zweck seine Schiffswerften stark angespannt.

Diese Zahl „60"[2] setzt noch einmal jene Zahl „100" ins
rechte Licht, die angeblich mit Philipp Chinardus in Edessa
gelandet sind.

Aus der Zahl dieser 60 hat wohl der sizilische Admiral
10 ausgewählt, denen die Aufgabe zugefallen war, die Tibermündung zu verrammen; zu diesem Detachement gehörten sicherlich jene 4, von denen der Brief des Papstes berichtet[3].

Hören wir nun noch, wie Malaspina[4] die Dinge darstellt.
Wiederholt spricht er von dem ungeheuren Geschwader der Galeeren[5] König Manfreds, die ausgesandt waren, um die Überfahrt
Karls zu verhindern, der nur über ein „Häufchen" Galeeren[6]
verfügte.

Nach Malaspinas Darstellung scheint der sizilische Admiral
den Hauptwert auf die Verrammlung der Tibermündung gelegt
zu haben, die den Feind an einem glatten Einlauf hindern und
ihn so in die Hände der vor der Mündung wartenden Flotte

---

[1] Chronica minor autore minorita Erphordiensi M. G. SS. XXIV
S. 204, anno domini 1265. Es ist übrigens seegeschichtlich interessant,
in welcher Form dies aufgezeichnet wurde. Es heißt da: „Isto anno
multe naves magne et onuste tam trieres quam coccones in mari Medi-
terranea ac in Dacia perierunt." Die Erfurter Chronik überträgt also
den Namen eines Nordseeschiffstyps: „Cogge" auf das Mittelmeer, der
dort gar nicht vorkommt. Der Cogge entspricht wohl in der von dem
Chronisten beabsichtigten Zweiteilung die „navis", das Lastschiff
des Mittelmeers.

[2] Annales Januenses a. a. O.; Andreas Ungarius a. a. O.

[3] Vgl. Bergmann a. a. O. S. 51.

[4] Sp. 811, Jamsilla Sp. 597.

[5] „Immensum galearum stolium".

[6] „caterva galearum".

treiben sollte. Da brach — nach Malaspinas Darstellung — der
Sturm aus, oder vielmehr er kündigte sich durch das unruhig
gewordene Meer an, und daraufhin soll sich der Admiral aus
Furcht „vor den ungeheuren Stürmen" und vor einem Schiffbruch durch Scheitern am Ufer auf das hohe Meer zurück-
gezogen haben.

So gewinnt es nach der Darstellung Malaspinas den Anschein, als ob die Entfernung von der Küste eine freiwillige
Maßregel des sizilischen Admirals gewesen sei; doch möchte ich
glauben, daß nur der ausbrechende Sturm die sizilischen Galeeren
von der Küste fortgejagt hat, denn der Admiral mußte sich ja
sagen, daß die Verrammlung der Tibermündung ohne die vor
der Mündung wartende Flotte nicht allzu wirksam sein konnte.
So müssen wir uns nun näher mit der Frage beschäftigen: Hat
überhaupt die Verrammlung der Tibermündung irgendwelchen
Zweck gehabt[1]? Der Gedanke des sizilischen Admirals ist wohl
dabei der gewesen, der provençalischen Flotte beim Einlaufen
in die Flußmündung dadurch Schwierigkeiten zu machen und sie,
während sie mit dem Forträumen der Hindernisse beschäftigt
war, zu überfallen und zu vernichten. Dieser Plan ist nun
durch das Unwetter nicht ausgeführt worden, und als die sizilische Flotte sich wieder gesammelt hatte und an die Tibermündung kam, fand sie diese frei von allen Hindernissen und die
feindliche Flotte längst eingelaufen. Aber auch von dem Unwetter abgesehen, scheint diese Maßregel, Verrammelung der
Flußmündung, nur von untergeordneter Bedeutung. Denn es war
ja die Hauptsache, nicht die Einfahrt der provençalischen Flotte
zu verhindern, sondern die p e r s ö n l i c h e Landung des Königs,
die ja auch an irgend einem anderen Punkte der Küste Latiums
erfolgen konnte. Auch dann wäre ja der Zweck der provençalischen
Expedition als erfüllt anzusehen gewesen, wenn zwar die ganze
Flotte vernichtet worden wäre, der König aber nur selbst Rom
erreicht hätte.

---

[1] Manfroni a. a. O. Bd. 2 S. 36 nennt diese Maßnahme „knaben-
haft" (puerile).

Nur ein völliges Absperren der ganzen Küste durch patrouillierende Schiffe hätte die Landung verhindern können; ob dazu aber die sizilische Flotte imstande war, muß dahingestellt bleiben, und selbst, wenn dieser Plan beabsichtigt gewesen wäre, hätte er durch das gewaltige Unwetter nicht zur Ausführung kommen können. So hat Neptun das Seinige dazugetan, um die Stauferherrschaft in Sizilien und Unteritalien zu beenden, denn dieser eine Sturm hatte sich gegen die sizilische Flotte erklärt.

Der Tag der Landung Karls von Anjou an der römischen Küste, der 21. Mai 1265, ist ein schwarzer Tag für die sizilische Flotte geworden; ein nachweisbares Verschulden der Flottenleitung aber läßt nicht erkennen.

Nur in einem kleinen Boote konnte sich Karl mit persönlicher Lebensgefahr der Küste nähern[1], da die großen Schiffe sich wegen des Unwetters nicht weiter heranwagen durften.

Karl mag wohl selbst kaum an das Gelingen seines Unternehmens geglaubt haben, denn was hätte er im Ernstfalle, wenn es zum Zusammenstoß gekommen wäre, mit seinem Häufchen Galeeren gegen das ungeheure Geschwader der sizilischen Galeeren machen sollen[2]? Und wir können uns sein Erstaunen gut ausmalen, als er sich nun wohlbehalten vor der römischen Küste befindet und dem sizilischen Geschwader überhaupt nicht begegnet ist. Die Gewalt des Windes hatte sich ihm günstig erwiesen und ihn schnell an die römische Küste geführt. Rasch werden nun die Anker herunter gelassen, und trotz des noch herrschenden Sturmes vermögen sich die provençalischen Schiffe vor der Küste zu halten. Diese Zeit benutzt Karl, um die Galeere, die ihn bis hierher geführt hatte, zu verlassen und sich auf ein kleines Beiboot, eine „sagittaria", zu begeben, die ihn

---

[1] Bergmann a. a. O. S. 52. Wenn wir Andreas Ungarius a. a. O. folgen — und ihm, der ein erbitterter Gegner Manfreds war, können wir ja glauben, wenn er etwas für Karl Ungünstiges berichtet —, so waren die provençalischen Schiffe durch den Sturm schwer mitgenommen. Vgl. auch O. Cartellieri: König Manfred (Centenario della nascita di Michele Amari) Bd. 1 Palermo 1910, S. 132.

[2] Das folgende nach Malaspina Sp. 814 und Jamsilla Sp. 597.

mit persönlicher Lebensgefahr ans Land bringt [1]. Die anderen Schiffe warten inzwischen das Unwetter ab, nähern sich dann der Mündung, räumen die einzelnen Hindernisse hinweg, laufen in den Strom ein und fahren bis Rom flußaufwärts. „Man fand sich endlich unter Donner und Blitz im Angesicht der römischen Küste vor Ostia", so schreibt Gregorovius in seiner klassischen Darstellung der „Geschichte der Stadt Rom im Mittelalter[2]", „das Meer ging hoch, die Landung war unsicher, das Ufer unausgekundschaftet; man wußte nicht, was zu tun. Doch Karl warf sich entschlossen in einen Kahn, steuerte glücklich durch die Brandung und sprang ans Land".

So hatte er Recht behalten, der sich „in Gottes Namen, der dem Winde und dem Meere befiehlt", auf diese Fahrt gegen den Rat vieler begeben hatte[3]. Wollte man weitergehen, so könnte man zu dem Resultat kommen, daß die Seemannskunst der Provençalen die der Sizilier übertroffen hat und daß die Führung des Wilhelm Carnutus der des Philipp Chinardus überlegen gewesen ist.

Als der sizilische Admiral seine Flotte, die der heftige Sturm bis in die Gewässer Genuas getrieben hatte, wieder gesammelt hatte, und an die Tibermündung zurückgekehrt war, mußte er sehen, daß die Hindernisse weggeräumt, die feindliche Flotte eingelaufen war, und er erkannte klar und deutlich das Scheitern seines ganzen Planes. In starken Worten gibt Malaspina[4] der Entrüstung und der Bestürzung des sizilischen Admirals Ausdruck. Und diese Bestürzung übertrug sich auf Manfred, der so vollständig auf seine Flotte gebaut und nicht

---

[1] Zum Schiffstyp der „Sagitta" vgl. Manfroni a. a. O. Bd. 1 S. 157, ferner Heyck a. a. O. S. 77; doch haben wir es hier nicht mit einer so großen Sagitte zu tun, sondern mit einem kleinen flinken, galeerenartig gebauten Ruderschiff, das sich eignete, durch die Brandung hindurchzukommen; man denke etwa an den Typ der Vachetta; Jamsilla Sp. 597 spricht von einer „Sagittia".

[2] S. 350.

[3] Andreas Ungarius a. a. O.

[4] A. a. O. Sp. 815; Jamsilla Sp. 598.

im Entferntesten daran gedacht hatte, daß sie hätte versagen können; auf das heftigste erstaunt er darüber „wie das Geschwader seiner Galeeren die Flotte Karls hätte so ungesehen vorüberlassen können" [1]. Er will das Geschehene garnicht glauben und muß schließlich die Art und Weise bewundern, auf die Karl seine Landung bewerkstelligt hatte [2]. Der Admiral aber mag sich mancherlei vom König wegen nicht genügend großer Sorgfalt in der Durchführung seiner Maßnahmen haben anhören müssen.

Was geschehen war, war nicht wieder gutzumachen. Das Eintreffen Karls auf dem Seewege besiegelte den Untergang der Staufer im süditalienischen Königreich. Um noch zu retten, was zu retten war, versuchte nunmehr die sizilische Flotte, den weiteren Seeverkehr zwischen Rom und Provence möglichst zu behindern und ist hier mehr vom Glück begünstigt gewesen.

Im Juni desselben Jahres fuhren 40 der sizilischen Galeeren über das Meer von Genua nach der Provence [3], kaperten ein Schiff der Provençalen; dann verweilten sie dort einen Monat und kehrten mit dem geraubten Schiffe zurück [4]. Auf dieser Fahrt begegneten sie 12 Galeeren Karls, die sich auf der Rückreise von Rom nach der Provence befanden, in der Gegend von San Remo. Bei der überlegenen Zahl der sizilischen Galeeren

[1] Malaspina a. a. O. Sp. 815.

[2] In einem an die Pisaner gerichteten Schreiben vom Juni 1265 (Winkelmann Acta I S. 507 B. F. 4761) spricht sich Manfred über die Tat Karls folgendermaßen aus: „Venit enim, sicut nuper accepimus, emulus noster comes Provincie iam ad urbem furtivo quodam remigio gallearum ad apprehensionen honoris nostri et fidelium ac devotorum nostrorum offensam".

[3] Vgl. hierzu auch Caro, Genua und die Mächte am Mittelmeer Bd. 1 S. 172.

[4] Dies alles nach Annales Januenses a. a. O., denen wir deshalb hier besonderen Glauben schenken dürfen, weil die Flotte sowohl auf der Hinreise als auch auf der Rückreise den Golf von Genua passieren mußte. und der Chronist entweder selbst Gelegenheit hatte, sie zu sehen oder Berichte von Augenzeugen empfangen und aufschreiben konnte.

gelang es, zwei der feindlichen zu nehmen und eine zu verbrennen, eine weitere blieb gescheitert am Lande zurück. Der ganze Kampf muß sich in unmittelbarer Nähe der Küste abgespielt haben, da die Sizilier Mannschaften von diesen nicht gefangen nehmen konnten, die alle nach San Remo entflohen; auch die übrigen 8 Galeeren entkamen[1].

Dieses Gefecht ist die letzte Nachricht, die wir von einer Tätigkeit der Flotte Manfreds haben. Gab der sizilische Admiral trotz dieses Erfolges in der Seeschlacht von San Remo das Spiel verloren? Immer noch verfügte ja seine Flotte über eine beträchtliche Zahl von Kriegsschiffen, und sie hätte eine Sperrung des Verkehrs zwischen Rom und der Provence, also zwischen Karl und seinem Stammlande, gut durchführen können! Nichts aber geschah, und im September[2] des Jahres 1265 ist auch Beatrix, die Gemahlin Karls, mit 4 Galeeren von Marseille nach Rom gefahren; in diesem so überaus schwachen Geleit, das sie mitnahm, möchte ich den Beweis dafür sehen, daß der diese 4 Galeeren befehlende Führer schon keine Störung dieser Überfahrt mehr befürchtete[3]. Und doch war das Vorhandensein der sizilischen Flotte für Karl noch bedrohlich genug. „Seine Seemacht war der des Gegners nicht gewachsen[4]". Deshalb suchte er Anlehnung an Genua, um dessen Seemacht gegen Manfred zu benutzen[5]. In dieser Richtung hat er durch den Bischof von Aix Vorschläge an die ligurische Seestadt machen lassen[6], aber

---

[1] Dies alles nach den Genueser Annalen a. a. O.

[2] Zur Berechnung dieses Zeitpunktes vgl. Annales S. Just. S. 188, sowie die Bemerkungen, die Bergmann a. a. O. S. 84 daran knüpft; zur Überfahrt selbst vgl. Ann. Januenses a. a. O., ferner B. F. 14276.

[3] Die Ausrüstung dieser Galeeren muß recht kostspielig gewesen sein; es ist über die Regelung der Bezahlung eine Verfügung Karls vom 2. Oktober 1265 erhalten (Del Giudice, Codice Bd. 1 S. 56 Nr. XIX).

[4] Caro a. a. O. Bd. 1 S. 177.

[5] Dies und das Folgende nach Caro a. a. O. Bd. 1 S. 177 ff.

[6] Del Giudice, Codice Bd. 1 S. 47 sowie Minieri-Riccio: Alcuni fatti riguardanti Carlo S. 6 Nr. 7.

es gelang ihm nicht, sie aus ihrer Neutralität herauszulocken. Genua sah noch nicht recht klar, wohin sich das Zünglein an der Wage des Weltgeschehens wenden würde und zog es deshalb vor, sich seine Entscheidung offen zu halten. Die Landschlacht bei Benevent, die am 26. Februar des Jahres 1266 Manfred den Tod brachte, befreite Karl von der Sorge um die sizilische Flotte und machte ihn, den Gegner, zu ihrem Herrn; aber auf dem Meere hat er sie nicht überwinden können, und unbesiegt ist sie aus dieser Epoche hervorgegangen, das beweist am besten Karls Werben um die genuesische Bundesgenossenschaft. So kann auch das Urteil über die Flottenführung des Philipp Chinardus kein tadelndes sein; gewiß läßt sich an mancher seiner Maßnahmen Kritik üben, aber ein Verschulden ist ihm schließlich doch nicht nachzuweisen, und nur das, was Feldherr und Seemann in erster Reihe haben müssen, hat ihm gefehlt: Das Glück.

6. Kapitel.

Das Betätigungsfeld der sizilischen Flotte.

Überblicken wir am Schluß der Darstellung der äußeren Geschichte der sizilischen Fotte unter der Regierung der beiden Brüder noch einmal im Zusammenhang das Betätigungsfeld ihrer Seemacht! Die Achtung, die sich die Standarte des sizilischen Admirals im Mittelmeer unter der Regierung Friedrichs II. erworben hatte, der hier wiederum auf den Schultern seines Großvaters Rogers II. stand, hatte sie sich erhalten können; durch die Heirat mit Helena hatte sie sich einen neuen Interessenkreis an der Küste von Epirus und besonders auf der Insel Korfu erworben, der in diesen Jahren zu häufigen Fahrten der Flotte von dort nach dem Königreich Gelegenheit gegeben haben mag, wenn uns auch von diesen Dingen nichts überliefert ist; denn nur die Flotte konnte hier der natürliche Vermittler sein[1]. Auch die Stellung, die hierbei der Admiral des Königreiches Philipp Chinardus einnahm, wird später besonders zu betrachten sein. Die Heirat von Manfreds Tochter mit dem Aragonier Peter setzte wohl auch die sizilische Flotte zu diesem Lande in Beziehung, die ab und zu in Fahrten dorthin ihren Ausdruck gefunden haben mögen. Dazu kamen die alten traditionellen Beziehungen zu Tunis[2]. Wenn es sich wohl bei den letzteren

---

[1] Man muß auch an die Stelle in dem Briefe Manfreds an den Senat und an das Volk von Rom vom Mai 1265 denken (B. F. 4760, Capasso a. a. O. S. 277), in dem es heißt: „Maiore parti Romanie precipimus".

[2] B. F. 4760, Capasso a. a. O. S. 277: „Sed eciam Sardinie ac Tunisy maris insulis dominamur".

auch besonders um Handelsfragen handelte, so wird doch auch hier die sizilische Kriegsflotte zum Schutz und zur Begleitung von Handelsgeschwadern des öfteren Gelegenheit gehabt haben, jene Küste anzulaufen. Auch mag gelegentlich und bei besonders wichtigen Anlässen ein Kurierschiff über das Meer nach Tunis gefahren sein; eine solche Reise, für die schon als Gesandter Nikolaus Pipitone von Palermo bestimmt war, wurde durch den Tod Manfreds verhindert[1].

Zu den Verbindungen mit Tunis traten dann noch solche mit Ägypten. Hier befand sich der Sultan Bibars an der Spitze des Staates, der den Titel eines „Malek-daher", eines triumphierenden Königs angenommen hatte[2]; dieser suchte Anlehnung an christliche Fürsten des Westens und sandte deshalb eine Gesandtschaft an Manfred, dessen islamfreundliche Gesinnung ihm bekannt war. Es führte diese Gesandten der arabische Historiker Djemal-eddin, dessen Bericht uns besonders von den in Unteritalien lebenden Muselmanen ein deutliches Bild entwirft. Dies geschah im Jahre 1261[3]. Diese Gesandtschaft, die als Geschenk des Sultans für Manfred eine Giraffe und einige gefangene Tartaren mit ihren Pferden von mongolischer Rasse mit sich führte, ist nicht die einzige geblieben. Die Beziehungen des Sultans zu Manfred[4] blieben bis zu dessen Tode bestehen; der arabische

---

[1] Arndt a. a. O. Regestenanhang Nr. 82.

[2] Vgl. zum Folgenden:

    a) M. Reinaud: Histoires des guerres des croisades sous le règne de Bibars, sultan d'Egypte, d'après les auteurs arabes im „Journal asiatique" Bd. XI 1827 S. 3 ff.

    b) G. Fritz Clarence: Mémoire sur l'emploi des mercenaires Mahométans dans les armées chrétiennes im „Journal asiatique" Bd. XI, 1827, S. 106 ff.

    c) Capasso a. a. O. erwähnt diese Dinge nur kurz (S. 208 Anm. 6).

    d) Amari: Storia dei Musulmanni di Sicilia, Firenze 1875 Bd. III, S. 654.

    e) Arndt: A. a. O. S. 54. 111 (Anm. 126), S. 64, S. 162 (Anm. 79).

[3] Im Jahre 659 der Egira.

[4] Arndt a. a. O. S. 64.

Geschichtsschreiber Makrizi erwähnt sie des öfteren. Es ist selbstverständlich, daß Manfred diese Gesandtschaften des ägyptischen Herrschers nicht unerwidert gelassen haben kann, und so fügt sich dem Bilde, das wir uns von den Fahrten der sizilischen Flotte auf dem Mittelmeere zu machen haben, der neue Zug ein, daß sie auch des öfteren ägyptische Häfen mag angelaufen haben, wobei sie sicherlich an Bord kostbare Gegengeschenke für den Sultan von Ägypten bei sich gehabt hat.

Auch auf dem Tyrrhenischen Meere im Verkehr mit Genua und Pisa ist die Flagge des Königreiches sicher des öfteren gezeigt worden.

Die Beziehungen zu Genua wurden durch den Vertrag vom Juli 1257 geregelt[1]. Seine volle Bedeutung haben wir an dieser Stelle nicht zu würdigen, dies ist schon in ausgezeichneter Weise von anderer Seite geschehen[2]. Wir haben ihn hier nur insoweit zu untersuchen, als sich in ihm Ausblicke auf die maritimen Beziehungen zwischen Genua und dem Königreich ergeben. Manfred verpflichtet sich, nicht zu erlauben, daß eine Flotte[3] im Gebiet des Königreichs gegen Genua ausgerüstet würde, noch eine irgendwo ausgerüstete im Bereich seines Herrschaftsgebietes aufzunehmen, auch nicht deren Aufnahme zu gestatten. Ebenso wird Manfred keinem, der Genua angreifen will, Hilfe gewähren, noch Gunst, Durchzug oder den Ankauf von Lebensmitteln, sondern er

---

[1] B. F. 4664 und B. F. 4692; im Jahre 1259 ist dieser Vertrag erneuert worden. Vgl. hierzu vor allem auch Caro: Genua und die Mächte am Mittelmeer Bd. 1 S. 98.

[2] Caro a. a. O. Bd. 1 S. 47. Der Vertrag selbst ist abgedruckt im Liber Jurium Bd. 1 Sp. 1293 ff. Genua erneuerte am 17. September 1259 die Konvention von 1257. Vgl. ferner Capasso a. a. O. S. 130 ff., der hier den Vertrag von 1257 gibt und S. 166 der Erneuerung in Privilegform durch Manfred kurz Ausdruck gibt.

[3] „Nec permittimus in regno vel in aliqua terra, quam habemus armatam fieri per inimicos communis ianue contra dictos ianuenses nec alicubi factam receptabimus vel receptari faciemus in tota terra nostra et districtu, quem habemus ad presens, nec aliquibus volentibus offendere ianuenses dabimus auxilium vel favorem transitum vel mercatum" (Liber iurium I Sp. 1294).

wird die Genuesen in ihrer Person und ihrem Besitz als unter
dem Schutz seiner Herrschaft stehend betrachten, sowohl auf
dem Lande wie auch in den Häfen und an der ganzen Seeküste
des Königreiches[1] und seiner Insel, wo nur immer ein Schiff
oder Fahrzeug[2] vor Anker gehen möchte, außer wenn sie gegen
seine eigenen Freunde einen Angriff vorbereiteten.

Aus der entsprechenden Gegenverpflichtung Genuas dem
Königreich gegenüber ist wichtig, daß auch diese Stadt zusagt,
keine Flotte gegen Manfred auszurüsten, noch ihre Ausrüstung
zu gestatten[3]. Ebenso konnten von nun an genuesische Schiffe
gegen die sizilischen Herrscher nicht mehr gemietet werden, wo-
mit für die sizilische Flotte ein ständig drohende Gefahr beseitigt
wurde[4]. Die Abmachungen mit Genua sind auch nicht bloß
auf dem Papier stehen geblieben; die sizilische Flotte war doch
ein Machtfaktor, mit dem die genuesische im Falle eines Ver-
tragsbruches zu rechnen hatte; das mag sich auch Simon Guercius
gesagt haben, als er im Jahre 1265 mit 10 Galeeren an der
Küste des Reiches Sizilien vorbeikam, dort auf venetianische
Schiffe stieß und sie nicht angriff; denn da auch Manfred mit
Venedig in einem Vertragsverhältnis stand, hätte ein derartiger
Angriff einen Bruch der mit Genua getroffenen Abmachungen
dargestellt[5]. Wie stark die Persönlichkeit Manfreds und vor
allem die Macht seiner Flotte auf die Seepolitik der sich be-
kämpfenden oberitalienischen Staaten einwirkte, geht am besten
daraus hervor, daß man die Fehden nach dem Tode Manfreds
und den dadurch eingetretenen Wirren wieder an der Küste
Siziliens austrug, was Manfred selbt nicht geduldet hätte[6]. Die

---

[1] „In tota marina regni.“

[2] „Novis vel lignum“, bemerkenswerte Zweiteilung; bei „navis“
dachte man an das große Kauffahrteischiff, während unter lignum
alle übrigen Fahrzeuge begriffen wurden.

[3] Lib. jur. I Sp. 1296.

[4] Caro: Genua und die Mächte am Mittelmeer Bd. 1 S. 50.

[5] Caro: Genua und die Mächte am Mittelmeer Bd. 1 S. 181;
Annales Januenses S. 250.

[6] Caro: Genua und die Mächte am Mittelmeer Bd. I S. 184 ff.

Seeschlacht von Trapani vom 23. Juni 1266 ist dafür der beste Beweis.

Was die Beziehungen zu Venedig anbelangt, so ist der Staatsvertrag Manfreds mit der Lagunenstadt vom Jahre 1257 maßgebend, in dem die beiden vertragschließenden Teile sich wechselseitig verpflichteten, nicht zu dulden, daß eine Flotte im Gebiet des einen gegen den anderen ausgerüstet würde [1]. Aber ein recht lebhafter Verkehr von Kauffahrteischiffen hat sicher auf dem Adriatischen Meere zwischen Venedig und dem König-reiche stattgefunden.

Etwas Näheres wissen wir von den Beziehungen Manfreds zu Sardinien, die einen häufigeren Schiffsverkehr zwischen dieser Insel und dem Königreiche nötig gemacht haben mögen. Ob diese schon vor dem Jahre 1262 bestanden haben, wissen wir nicht, doch ist es anzunehmen. In diesem Jahre hören wir von der Besetzung des Judicats Torres [2] durch Manfred; auf der Insel selbst mag er schon vorher festen Fuß gefaßt haben. Bis zu seinem Tode hat dann wohl Manfred Beamte auf Sardinien gehabt [3], denn wir hören, daß nach dem 1. September 1265 der Sekret und Prokurator Manfreds im Prinzipat, der Terra di La-

---

[1] B. F. 4665, Capasso a. a. O. S. 135: „Quod non offendemus dominum ducem et commune Veneciarum terra marique in personis et rebus et quod non facimus nec permittemus fieri apparatum vel armamentum navigii in regno Sicilie contra dominum ducem et commune Venetiarum", mit diesen Worten verpflichtete sich Manfred; der Doge geht eine damit übereinstimmende Bindung ein (Capasso S. 137). Vgl. auch Caro: Genua und die Mächte am Mittelmeer I, S. 46 und die Bestätigung des genannten Vertrages (B. F. 4704) vom Jahre 1259.

[2] M. G. Epistulae sec XIII, III, 528. Vgl. hierzu Caro: Genua und die Mächte am Mittelmeer Bd. 2 S. 21 Anm. 7; ferner Hampe: Urban S. 12. Man könnte vielleicht daran denken, daß während Genuas und Pisas Kämpfen in Sardinien (1257) Manfred Gelegenheit hatte, dort Fuß zu fassen und so gewissermaßen der unparteiische Dritte gewesen ist, bei dem das Land Schutz suchte, um aus den Händeln herauzukommen. Doch wissen wir darüber nichts. Vgl. hierzu Caro a. a. O. Bd. I S. 16 ff.

[3] Caro a. a. O. Bd. II S. 22 Anm. 3.

voro und den Abruzzen Angelus di Vito ein Schiff mietet und dafür 33 Goldunzen bezahlt. Dies sollte Gilbert von Santa Sofia, der damals Kapitän von Sardinien war, mit 35 Personen und 12 Pferden nach dieser Insel bringen[1]. Vor allem rühmt sich auch Manfred in seinem Briefe an den Senat und das Volk von Rom vom Mai 1265 der Herrschaft über Sardinien, so daß wir berechtigt sind, einen recht lebhaften Schiffsverkehr mit dieser Insel anzunehmen[2].

Auch der Beziehungen zu Aragonien ist hier zu gedenken, mit diesem Lande verknüpften Manfred bald verwandschaftliche Bande[3]. Die Einrichtungen der sizilischen Marine mögen dem aragonischen Herrscherhause vorbildlich erschienen sein und sind nach eingehender Kenntnisnahme von ihnen auf der Pyrenäenhalbinsel teilweise wohl übernommen worden[4].

Auch im östlichen Mittelmeer bis nach den Küsten Kleinasiens ist die Flagge der sizilischen Flotte gezeigt worden.

Der jähe Tod Manfreds riß alle diese Ansätze zu verstärkter Seegeltung ab, aber Karl von Anjou, der doch sonst mit besonderem Eifer die Spuren der staufischen Herrscher im Königreich zu beseitigen trachtete, mußte, was die Flotte anlangt, überall an das anknüpfen, was Manfred geschaffen hatte.

So ist die äußere Geschichte der Flotte unter der Regierung der Brüder als eine Weiterentwicklung der ruhmreichen Geschichte unter Friedrich II. anzusehen, wenn auch der Flotte der große Erfolg versagt geblieben ist.

Die sizilische Seemacht war in jenen Tagen neben den drei Flotten der oberitalienischen Seestädte Genua, Pisa und Venedig ein entscheidender Faktor in der Frage des Kampfes um die Vorherrschaft im Mittelmeer, und sie beherrschte, besonders seitdem Manfred nach Annahme der Königswürde energischer den inneren Ausbau seines Reiches fördern konnte, die Verbindung zwischen dem westlichen und dem östlichen Mittelmeer. Ihr Vor-

---

[1] Minieri-Riccio: Alcuni fatti riguardanti Carlo I. di Angio S. 22.
[2] B. F. 4760 Capasso a. a. O. S. 277.
[3] Vgl. Hampe: Urban IV. S. 12.
[4] Schwarz: Aragonische Hofordnungen S. 43 Anm. 96.

handensein mußte auf die Seepolitik der anderen seefahrenden
Staaten des Mittelmeers stets eine wesentliche Einwirkung haben,
und es geht nicht an, zu behaupten, daß nur die Flotten der
drei italienischen Seestädte das Mittelmeer beherrschten, wie das
von anderer Seite geschehen ist[1]. Wenn die Bedeutung der
sizilischen Flotte für die Geschichte jener Zeit bisher noch nicht
in dem Maße erkannt worden ist, wie sie es verdient, so liegt
das eben zum großen Teil an unserer lückenhaften Überliefe-
ferung; wir besitzen für das sizilische Reich keine Jahrbücher
wie die Annalen von Genua, die jede, auch die kleinste Flottenexpedition auf das sorgfältigste aufzeichnen und so ein genaues
Bild von den Leistungen der Stadt zur See geben.

Eingehendere Beschäftigung aber mit diesen Dingen
zeigt deutlich, daß das Recht auf Seegeltung auch in den
Zeiten Konrads und Manfreds wie in denen ihres Vaters auf das
nachdrücklichste und mit Erfolg verfochten worden ist und daß die
sizilische Flotte unbesiegt aus dieser Periode hervorgeht, wenn
sie auch das Glück sich nicht dienstbar machen konnte. Die
Schlacht bei Benevent machte dieser ganzen Entwicklung ein
Ende. Der Mann, dessen Überfahrt die Flotte hatte hindern
wollen und dem sie auch nach seiner Überfahrt noch bedrohlich
genug erschien, wurde nun ihr Herr. Eine neue Periode hebt
für sie an, eine andere ist abgeschlossen.

---

[1] So Caro in seinem sonst so ausgezeichneten Buche: Genua
und die Mächte am Mittelmeer I, S. 5.

II. Hauptabschnitt.

Die innere Geschichte der sizilischen Flotte unter der Regierung Konrads IV. und Manfreds.

Festgefügt war die Organisation der sizilischen Flotte, die Friedrich bei seinem Tode seinen Nachfolgern hinterließ und die sich im jahrelangen Kampfe gegen Genua bewährte. Das Vorhandene brauchten diese nur auszubauen und auf der Höhe zu halten; dann besaßen sie ein Instrument, das in jeder Beziehung allen Anforderungen der Zeit genügen konnte.

So können wir es einigermaßen verschmerzen, daß uns die Quellen über jene Zeit nicht reichlich fließen, weil uns die Urkunden, die erhalten sind, beweisen, daß die beiden Söhne das Werk des Vaters nicht angetastet und auch in der Straffheit der Flottenleitung nicht nachgelassen haben. Manfred hatte ja auch volle Veranlassung, seine Flotte zu pflegen, nachdem er wußte, daß sein Gegner Karl von Anjou auf dem Seewege nach Rom kommen mußte. So mag er, wie wir auch schon bei der Darstellung der äußeren Geschichte zeigen konnten, gerade in diesen Jahren der Flotte besondere Sorgfalt haben angedeihen lassen, die ähneln deshalb auch so sehr den 40er Jahren des 13. Jahrhunderts, in denen Friedrich sich für den Kampf mit Genua vorbereitete.

1. Kapitel.

Das Admiralat.

Die Instruktion für das Amt des Admirals[1], die einst Nicolinus Spinola mit auf den Amtsweg erhielt[2], ist zweifellos
auch in dieser Zeit noch dieselbe gewesen, wie wir sie ja auch
in den späteren Jahrhunderten in gleicher Weise gültig finden[3].

---

[1] Die Forschung über das Wort Admiral dürfte im wesentlichen
als abgeschlossen gelten. Vgl. auch den betreffenden Artikel in
Körting: Lateinisch-romanisches Wörterbuch; dagegen ist meines
Wissens noch nicht darauf hingewiesen worden, daß „Amiratus"
auch als Eigenname in Unteritalien auftritt; vgl. Codice Barese
Bd. III S. 65, Urkunde XLVIII vom August 1137. Hier urkundet ein
Mann, der sich „ego Amiratus, filius Nicolai civitatis Terlitii" nennt.
Inwieweit dieser Name auf ein innegehabtes Amt zurückgeht, vermögen wir nicht zu sagen, doch ist es anzunehmen. Vgl. auch noch
die Urkunden LXIV (S. 83) und LXXXVI (S. 110). — Die Namensbezeichnung Amiratus finden wir auch in der Zeit Manfreds; vgl.
ebenda Urkunde CCLXXIV. Hier ist von einem Jakob, Sohn des
Amiratus, die Rede; ferner Codice Barese Bd. II S. 139 Nr. LIX, wo
von einem Amiratus, der Kanoniker von Trani ist, gesprochen wird.
In demselben Bande macht uns die Urkunde LV mit einem „Nikolaus
de Amirato" bekannt, der im Jahre 1303 als Zeuge auftritt. Vgl. auch
zu dem Wort Admiral die Schrift von Manfroni: Cenni sugli ordinamenti delle Marine Italiane nel medio evo (Revista marittima,
anno XXI, Quarto Trimestre 1898) S. 454.

[2] Vgl. hierzu Willy Cohn: Das Amt des Admirals in Sizilien
in „Beiträge zur Sprach- und Völkerkunde" (Festschrift für Alfred
Hillebrandt) Halle 1913; S. 12 ff.; ferner Manfroni: Cenni sugli ordinamenti S. 454—456.

[3] Vgl. hierzu Leon Cadier: Essai sur l'administration du
royaume de Sicile sous Charles I. et Charles II. d'Anjou, Paris 1891,
S. 173 ff.

Dabei möchte ich noch hervorheben, daß diese Instruktion dem sizilischen Admiral eine Macht in die Hand gab, über die kein Seebefehlshaber anderer italienischer Staaten in gleicher Weise verfügte: „Sicher ist", so sagt Manfroni[1], „daß in keiner Gegend Italiens jemals den Admirälen so ausgedehnte Machtbefugnisse eingeräumt waren"[2].

Nur hatte Manfred darauf verzichten müssen, seinen Admiral noch als Reichsadmiral zu bezeichnen. Diese doppelte Würde hatte Ansald de Mari bis zu seinem Tode innegehabt. Aber die Verbindung des Königreichs mit dem Kaiserreich war ja mit dem Tode Konrads IV. endgültig dahingegangen. So hat der sizilische Admiral als Amtstitel nur den Titel: Admiratus regis Sicilie" geführt und das Banner eines Reichsadmirals nicht mehr entfalten können. Er mag das besonders bedauert haben, als er gegen Karl im Adriatischen Meere operierte und sich dabei nicht mehr der Unterstützung Pisas zu erfreuen hatte, die einst Ansald de Mari als Reichsadmiral in vollem Umfang benutzen konnte. Dieser vielgenannte Ansald hatte beim Tode Friedrichs II. das Amt des Admirals in Sizilien inne. Mit ihm, der während der ganzen Regierungszeit Konrads IV. und möglicherweise noch während eines Teils der Regierungszeit Manfreds sizilischer Admiral war, müssen wir uns jetzt näher beschäftigen.

a) Ansaldus de Mari.

Wie sein Amtsvorgänger Nicolinus Spinola, so entstammte auch Ansald de Mari[3] einer in Genua hoch angesehenen Familie.

---

[1] Cenni S. 456.

[2] Eine besonders dankenswerte Untersuchung wäre die Lösung der Frage, inwieweit das Amt des „Admirals" in Aragonien unter sizilischem Einfluß geschaffen und ausgebildet worden ist. Vgl. Karl Schwarz: Aragonische Hofordnungen im 13. und 14. Jahrhundert S. 43 und Anm. 96.

[3] Vgl. für ihn vor allem Georg Caro: Ein Reichsadmiral des 13. Jahrhunderts (Mitteilungen des Instituts für österreichische Geschichtsforschung Bd. 23 S. 643 ff.). Einige Notizen über sein Leben bringt Tutini S. 55. Wichtige Notizen über die Familie de Mari bringt vor allem Vincenti S. 27 ff., ferner ist auch Huillard-Bréholles: Historia diplomatica Friderici Secundi, Préface et Introduction S. 146 heranzuziehen.

Wir finden die verschiedensten Mitglieder dieses Geschlechtes in den Genueser Annalen im 12. und 13. Jahrhundert. Im Jahre 1187 bekleidete der Vater Ansalds, Anglerius de Mari, das Amt eines Stadtkonsuls von Genua. Das erste Mal hören wir von Ansald selbst im Jahre 1214, als er Konsul „pro communi" in Genua war. Über seine Amtstätigkeit in dieser Zeit wissen wir nichts Näheres. Nur ein kleiner Zwischenfall wird in den genuesischen Jahrbüchern erwähnt. Auf einem Spazierritt verwundete Ansald, als er sah, daß Sorleonus Piper[1] von anderen Leuten überfallen wurde, einen von diesen. „Und deswegen herrschte eine Zeit lang in der Stadt Zwietracht, aber sie dauerte nur kurze Zeit". Acht Jahre später ist Ansald wiederum an der Verwaltung von Genua beteiligt. Diesmal ist er einer der acht Adligen, die zur Kontrolle der Ausgaben und Einnahmen Genuas alljährlich eingesetzt[2] wurden. Dasselbe Amt bekleidete er im Jahre 1229[3].

Im Jahre 1231 befindet sich Ansald de Mari unter den Begleitern des Podestas von Genua zum Hoftag von Ravenna[4]. Obwohl uns Näheres über die Tätigkeit Ansalds hierbei nicht überliefert ist, so wissen wir doch, daß der Kaiser besonders mit der genuesichen Gesandtschaft unterhandelt hat. Möglicherweise hat er bei dieser Gelegenheit Veranlassung genommen, sich die einzelnen Mitglieder der Gesandtschaften vorstellen zu lassen, und so mag er auch Ansald de Mari flüchtig kennen gelernt haben. Er muß ihm im gegenwärtigen Augenblick noch nicht als der geeignete Mann für das sizilische Admiralat erschienen sein, da er ja vor ihm den Genuesen Nicolinus Spinola zu diesem Amte berief. Das nächste Mal begegnen wir Ansald als Podesta in Parma[5]. Das Ansehen, das er sich bei der Verwaltung Genuas erworben hatte, mag ihm zu dieser Berufung verholfen haben. Über seine Amtstätigkeit in diesem Jahre wissen wir nichts. Es war eine unruhige Zeit und ein Jahr starker religiöser Bewegung,

---

[1] Annales Januenses a. a. O. S. 131.
[2] Annales Januenses a. a. O. S. 119.
[3] Annales Januenses a. a. O. S. 171 und 172.
[4] Annales Januenses S. 178.
[5] Annales Parmenses M. G. SS. XVIII. S. 668.

in dem der Bruder Benedictus de Cornetta in Parma großen
Anhang fand[1]. Im Jahre 1239 hatte Ansald das erste Mal Gelegenheit, soweit wir aus den Quellen darüber unterrichtet sind,
mit Friedrich II. in nähere Berührung zu treten. In einem
Mandat an den Secretus von Palermo[2] ordnet der Kaiser an,
daß Getreide an die Genueser Heinrich de Nigro und Ansald de
Mari geliefert werden soll. Die Urkunde ist aus Parma datiert,
und wir haben vielleicht anzunehmen, daß Ansald erst persönlich
mit dem Kaiser unterhandelt und sich sodann nach Sizilien
zur Übernahme des Getreides begeben hat. Als wichtig für den
Lebenslauf Ansalds ergibt sich zunächst einmal die Tatsache, daß
er ein in Handelsgeschäften geübter Mann war. Was für
einen Eindruck er damals auf Friedrich gemacht hat, wissen wir
nicht. Jedoch ist es durchaus wahrscheinlich, daß er schon
hier die Überzeugung gewonnen hat, es mit einem zur See erfahrenen Menschen zu tun zu haben. Denn wir hören von
keinem anderen Zusammentreffen des Genuesen und des Kaisers
vor der Ernennung Ansalds zum Admiral mehr. Ansald war
damals schon ein reifer Mann in der Blüte der Jahre, dessen
Sohn Andriolus dem Vater bei der Übernahme des neuen Amtes
zur Seite stand und der auch selbst in der Seegeschichte jener
Jahre einen bedeutenden Platz einnimmt. Die Ernennung zum
Admiral erfolgte im Februar des Jahres 1241. „Der Kaiser
ließ Ansald de Mari, der in Genua war, zu sich entbieten, weil
er ihn nach dem Tode des Nicolinus Spinola, seines Admirals,
zum Admiral des Königreiches eingesetzt hatte. Ansaldus begab sich mit Hintansetzung von allem anderen, so heimlich er
konnte, zum Kaiser und empfing dort das übertragene Amt aus
dessen Hand"[3]. Wie sein Vorgänger, so erhielt auch Ansald für
seine Ausgaben täglich eine Unze Gold ausgezahlt, nachdem er
das Amt übernommen hatte[4]. Friedrich teilte die Ernennung des

---

[1] Salimbene M. G. SS. XXXII S. 71 ad annum 1233.

[2] B. F. V. 2603, Huillard-Bréholles: Historia diplomatica
Friderici secundi (abgekürzt zitiert H. B.) V. S. 518.

[3] Annales Januenses ad annum 1241 a. a. O.

[4] B. F. 3187.

neuen Admirals alsbald allen im Königreiche mit und forderte sie
auf, diesem zu gehorchen, soweit dessen Amtsbefugnis geht. Der
Kaiser sagt in dem Schreiben, daß er ihn zum Admiral wegen
seiner erprobten Tüchtigkeit und seiner Treue für das Königreich
Sizilien ernannt habe. Er gibt ihm überdies in diesem Schreiben
das Prädikat „fidelis noster".

Wir möchten davon absehen, an dieser Stelle die Tätigkeit Ansalds in den 40er Jahren des 13. Jahrhunderts noch einmal darzustellen und können auf die an anderer Stelle veröffentlichte Untersuchung verweisen [1].

Das Bild, das die Quellen uns von dem sizilischen Admiral
geben, ist ein vielseitiges, aber doch einheitliches. Energie und
Tatkraft ist dem Flottenführer trotz seines Alters in hohem Maße
eigen. Überall ist er da und weiß stets im geeigneten Augenblicke einzugreifen. Die Art seiner Kriegführung ist von der
Heinrichs von Malta [2], des Admirals aus der ersten Zeit Friedrichs II.,
wesentlich verschieden. Ein rücksichtsloses Darauflosschlagen
kennt Ansald nicht. Er will seine Kräfte nicht mit einem Schlage
aufs Spiel setzen, und als es einmal zur Seeschlacht kommt, von
der wir nicht einmal genau wissen, ob er sie selbst geleitet hat,
ist auch diese Schlacht mehr ein Auflauern aus dem Hinterhalt,
als ein Begegnungsgefecht. Sonst aber vermeidet er die Schlacht.
Er weiß, wo er den Gegner am empfindlichsten trifft. In einem
offenen Kampfe würde auch er Verluste erleiden, für Genua aber
ist ein langer Krieg am unangenehmsten, da die Mannschaft aus
Bürgern besteht. Er selbst und seine Flottenbesatzung, die zum
größten Teil von Berufsmatrosen gebildet wird, können ihn
leichter ertragen. So zieht er von Hafen zu Hafen, vom Feinde
verfolgt und ihn irreführend. Einmal verschwindet er im offenen
Meer, dann taucht er wieder unmittelbar vor Genua auf. Man
kann so Ansald als einen Admiral großen Stils bezeichnen, der

---

[1] W. Cohn: Der Kampf der Flotte Kaiser Friedrichs II. gegen
Genua. Zeitschrift „Überall" 1916, Januar- und Februarheft.

[2] Über diesen vgl. W. Cohn: Heinrich von Malta, Historische
Vierteljahrsschrift, Heft 3, 1916.

seine Angriffsmittel nach dem Gegner einzurichten versteht. Seine organisatorischen Fähigkeiten können wir weniger beurteilen, da uns gerade darüber nur ein geringes Urkundenmaterial vorliegt. Hier aber konnte er zweifellos auf den Vorarbeiten des Nicolinus Spinola weiter bauen, und hier mag alles schon so eingerichtet gewesen sein, daß es von selbst seinen Gang ging. Ansald verstand es, seinen Sohn in seinem Geiste zu erziehen, so daß er ihm bald selbst die Kriegführung zur See überlassen konnte und seinen Privatangelegenheiten nachging. Ja, stellenweise sieht es so aus, als ob der Sohn den Vater in der Ausbildung des Systems der plötzlichen Überfälle noch überträfe. Ansald also blieb selbst noch weiter Handelsherr auf eigene Faust, nachdem er Admiral geworden war, wenn er auch die Unternehmungen seiner Handelsschiffe nicht mehr persönlich leitete und sie vermieten mußte[1]. Wir hören, daß am 14. Juli 1246 Obertus und Thomaxinus von Schuldnern 600 genuesische Pfund Gold in Tarenen empfangen haben als Mietszins für ein dem Ansald gehöriges Schiff.

Besonders interessiert ist der sizilische Admiral an Landerwerbungen in Corsica. Im Jahre 1245 schließt er den ersten derartigen Vertrag. Ansald kann sich am friedlichen Besitze nicht erfreuen. Es kommt 1246 zu Streitigkeiten, die aber für den Admiral günstig ausgegangen zu sein scheinen, denn es gelingt ihm, sein Herrschaftsgebiet zu befestigen[2]. Mit Recht macht Caro[3] darauf aufmerksam, daß die Möglichkeit besteht, daß „der Zwist unter den extrinseci von Genua ihre Unternehmungen gegen die intrenseci lähmte". Denn einen Teil der sizilischen Flotte mag Ansald für seine Zwecke verwendet haben. Allzugroß aber ist der Schaden für die kaiserliche Sache sicher nicht gewesen, da Ansald in seinem Sohne einen so ausgezeichneten Stellvertreter besaß. Der Kaiser mag deshalb seine Genehmigung zu den

---

[1] So in den Miscellanea di storia ligure, abgedruckt bei Caro: Ein Reichsadmiral usw. a. a. O.

[2] Näheres hierüber in den bei Caro: Ein Reichsadmiral usw. abgedruckten Urkundenauszügen. Wir gehen darauf an dieser Stelle weiter nicht ein und verweisen auf jene Schrift.

[3] Ein Reichsadmiral des 13. Jahrhunderts a. a. O.

korsischen Unternehmungen gegeben haben, weil es ihm sicherlich
nur angenehm war, wenn einer seiner Getreuen auf der Insel
festen Fuß faßte. Und gerade einen der schönsten Flecken des
Mittelmeeres hatte sich Ansaldus de Mari im Cap Corse als
Familienbesitz ausgesucht, wie geschaffen für einen seegewaltigen
Admiral. Hier konnte er von den festen Türmen und Kastellen
aus, die er erwarb, seinen Blick weit über das Meer schweifen
lassen. Noch heute steht dort manche alte Warte der Pisaner
und Genuesen, und mancher mittelalterliche Turm würde, wenn er
reden könnte, gewiß vieles von der mächtigen Familie der de Mari
erzählen können. Vielleicht, daß einmal eine an Ort und Stelle
anzustellende Untersuchung noch Näheres über diese und vor
allem über Ansald selbst ergeben möchte.

Mit der Ernennung zum Reichsadmiral, die im Jahre 1242
erfolgt sein muß, erfuhr die Stellung Ansalds eine wesentliche
Ausgestaltung. Die neue Würde mag ihm neben der Ehre auch
eine wirtschaftliche Besserung gebracht haben. In seiner eigen-
artigen Doppelstellung bildete er ein Bindeglied besonderer Art
zwischen dem Imperium und dem Regnum. Er muß sich der
persönlichen Gunst des Kaisers erfreut haben, der ihn auch zu
Gesandtschaften verwandte, die außerhalb seiner eigentlichen Amtstätigkeit lagen. So beglaubigte ihn der Kaiser am 26. Juni 1243
als Gesandten bei dem neu erwählten Papst Innocenz IV[1], bei
welcher Gelegenheit der Titel Reichsadmiral zum erstenmal
offiziell nachweisbar ist. Dieser Besuch ist für sein späteres
Leben nicht ohne Bedeutung gewesen. Im November 1244 finden
wir ihn als Zeugen unter einer zu Foggia ausgestellten Urkunde
Friedrichs mit der Amtsbezeichnung: Admiral des Kaiserreiches
und des Königreiches Sizilien.

Auch noch im Jahre 1248 können wir ihn in einer Urkunde
als Zeugen nachweisen, er befand sich damals „in depopulatione
Parme“. Es ist leicht möglich, daß Ansald sich in der Zeit
Friedrichs II. auch in dem Königreiche ansässig machte, vielleicht
als Dank für treue Dienste hier ein Lehen erhielt[2].

[1] B. F. 3369.
[2] Vgl. hierzu Caro: Genua und die Mächte am Mittelmeer II
S. 43, besonders auch Anm. 7, wo über spätere Mitglieder der Familie
de Mari Wichtiges gesagt wird.

Ansald de Mari überlebte seinen Kaiser. Auch unter dessen Nachfolger Konrad IV. behielt er seine Würden sowohl als Reichsadmiral wie als Admiral des Königreiches. „Dei et regia gratia sacri imperii et regni Sicilie amiratus" wird er auch hier noch genannt[1]. Es scheint also das Amt und der Titel eines Reichsadmirals unter die Ämter des heiligen römischen Reiches aufgenommen worden zu sein, und nur das Aussterben der Hohenstaufen hat diesen verheißungsvollen Anfang einer kaiserlichen Seegeltung zunichte gemacht. Nach dem Tode Friedrichs machte Genua seinen Frieden mit den Verwandten. Für Ansald als sizilischen und Reichsbeamten hätte die Notwendigkeit einer Aussöhnung nicht bestanden, wenn er nicht die Anerkennung Genuas für seine korsischen Besitzungen für zweckmäßig erachtet hätte[2]. Diese Beziehungen sind wohl im Oktober 1252 endgültig ins Reine gekommen.

In seiner Tätigkeit als Admiral des Königreiches finden wir ihn während des ganzen Verlaufes der Regierung Konrads IV. nicht erwähnt; er mag nun schon zu alt geworden sein, als daß er sich selbst noch hätte zur See betätigen können, und das mag wohl auch der Grund gewesen sein, daß Eustasius sowohl Konrad IV. über das Meer geleitete, wie auch den seemännischen Teil der Belagerung Neapels aller Wahrscheinlichkeit nach besorgte.

Das Letzte, das wir von Ansald de Mari hören, will nun anscheinend so gar nicht zu dem treuen Festhalten an der staufischen Sache passen, das er in seinem bisheriges Leben bewiesen hat. Am 3. November 1254 wird Ansald de Mari von Papst Innocenz IV. auf sein Ersuchen zu Neapel mit der sizilischen Admiralswürde beliehen. Sehen wir uns diese Urkunde, auf die viel ankommt, zunächst einmal etwas genauer[3]

---

[1] Dieser Titel ist für die Zeit Konrads verbürgt durch eine von Caro: „Ein Reichsadmiral" als Nr. 7 publizierte Privaturkunde. Eine eigentliche sizilische Urkunde über seine Tätigkeit als Admiral während der Regierungszeit Konrads IV. besitzen wir nicht.

[2] Vgl. hierzu das Protokoll vom 21. Oktober 1252, abgedruckt bei Caro: Ein Reichsadmiral.

[3] B. F. 8846, früher bei Camillo Tutini: Discorsi de Sette Offici overo de Sette grandi del regno di Napoli Teil I Roma 1666, S. 58, erwähnt auch bei Capasso S. 85 Nr. 173.

an: „Wir haben Deine Bitte in pflichtgemäßem Wohlwollen aufgenommen und verleihen Dir, was uns und unsern Brüdern vernünftig erschien, das Amt des Großadmirals von Sizilien, wie Du
es einstmals zur Zeit Friedrichs, ehemals Kaiser der Römer, innegehabt und ausgeübt hast. Wir bestätigen Dich mit den gewohnten Rechtsprechungen, Einkünften und Gehältern, wie Du
sie zur Zeit des genannten Kaisers genossen hast und mit allen
Ehren, Würden und Vorrechten, die zu diesem Amte gehören,
nachdem früher von Dir der in solchem pflichtgemäß zu leistende
Eid empfangen worden ist, und investieren Dich durch die Übergabe des Schwertes in Gegenwart von eben denselben unseren
Brüdern, damit Du es voll innehast und besagtes Amt in Deinem
Leben ausübst."

Bisher ist diese Urkunde in der Literatur als eine Unterwerfung Ansalds unter den Papst aufgefaßt worden. Es ist nun
zu untersuchen, ob dies tatsächlich zutrifft und damit nun das
Charakterbild Ansalds am Ende seines Lebens eine völlige Umgestaltung erfährt.

Am 27. Oktober war Innocenz in Neapel eingezogen. „Hier
sammelten sich um den Papst alle angesehenen Persönlichkeiten
des Königreiches, welche zwar die Rechte Konradins nicht preisgaben, aber den Absichten Manfreds und seiner Berater nicht
trauten."[1] Daß der Papst als Vertreter der Rechte Konradins
auftrat und daß bei der verworrenen Lage ein Zweifel darüber
entstehen konnte, wer rechtmäßiger Herr Siziliens war, leuchtet
ohne weiteres ein. Es ist also nicht daran zu denken, daß
Ansald in diesem Augenblicke aus einem Ghibellinen, der er
sein Leben lang war, nun plötzlich ein überzeugter Guelfe geworden wäre.

Der Schlüssel zu diesen Rätseln scheint mir in dem Vergleich mit Philipp Chinardus zu liegen, dem späteren Admiral
des Königreiches, und vor allem in einer Untersuchung der Frage,
wann wohl Ansald an den Papst mit dem Ersuchen um Bestätigung
seiner Ämter herangetreten ist. „Aber man braucht nicht anzu

---

[1] Karst a. a. O. S. 49.

nehmen", so sagt Rodenberg[1] in bezug auf Hugo de Alemario
und Philipp Chinardus, „daß diese Personen und andere, die in
derselben Form bedacht sind, ihre Unterwerfung erst nach dem
Konflikt Manfreds mit dem Papst angezeigt haben; die Ver-
günstigungen können sehr wohl bezweckt haben, sie auf der Seite
der Kirche festzuhalten." Bestände nun nicht die Möglichkeit
einer derartigen Auffassung der Sachlage auch für Ansald? Mag
nicht Ansald schon lange vor dem Einzuge Innocenz' IV. in
Neapel in einem Augenblick mit der Bitte um Bestätigung seines
Amtes an den Papst herangetreten sein, als er, wie viele andere,
der Ansicht war, daß nach dem Testament Konrads IV. die
Sache des Papstes mit der Konradins identisch sei und vor allem
auch Manfred in diese Aussöhnung mit hineingezogen würde?[2]

Auch Philipp Chinardus hat sich damals seinen Grund-
besitz, wie wir noch später bei seiner Biographie ein-
gehend auseinanderzusetzen haben werden, vom Papste bestätigen
lassen, und doch finden wir ihn schon im nächsten Jahre wieder
auf Seiten Manfreds. So mag auch Ansald in diesem Sinne sich
bei der Anwesenheit Innocenz' in Neapel mit seinem alten Amte
von neuem aus dem Gefühl heraus haben belehnen lassen, so dem
Geschlecht der Staufer in der Person Konradins in der dritten
Generation am besten dienen zu können, aber zweifellos mit der
festen Absicht, nur dann dem Papst Gefolgschaft zu leisten,
wenn er wirklich eine Politik triebe, die im Interesse Konradins
läge und eine Aussöhnung mit Manfred doch noch ermöglichte.
Vielleicht mag damals auch Ansald sich schon zu alt gefühlt
haben, um vor dem anrückenden Papst aus Neapel zu fliehen, wo
er seinen Wohnsitz möglicherweise in der letzten Zeit hatte und
vielleicht auch wichtige Interessen der sizilischen Flotte wahr-

---

[1] Innocenz IV. und das Königreich Sizilien S. 210 Anm. 2.

[2] Auch Karst S. 49 Anm. 3 nimmt an, daß Ansald persönlich am
päpstlichen Hofe war; er äußert sich aber über die Zeit, in der das
geschehen ist, nicht. Doeberl S. 244 schreibt zu dem uns beschäf-
tigenden Probleme: „Auch der Großadmiral des Königreiches Ansaldus de Mari unterwarf sich dem Papste, sei es persönlich, sei es
durch Boten."

nehmen mußte. Wir dürfen sogar weiter gehen, vielleicht hat ihm jetzt an der Investitur durch den Papst gar nichts mehr gelegen, die er vor Monaten unter ganz anderen Voraussetzungen nachgesucht hat, und er hat sich jetzt nur zu der Zeremonie bereit finden lassen, weil er sich sagte, daß er nur insoweit an den Papst gebunden sei, als dessen Politik nicht völlig wieder ins antistaufische Fahrwasser hinüberglitt. Denn im Dienst des Papstes hat weder er noch sein Sohn Andreolus irgend etwas unternommen, sonst hätte doch unmöglich kaum zwei Monate später, am 8. Januar 1255, der Nachfolger des vierten Innocenz, Alexander IV. den Ansaldus Malonus zum päpstlich-sizilischen Admiral einsetzen können.[1] Betrachten wir diese Ernennungs- urkunde für Ansaldus Malonus näher, so finden wir darin, daß seine Berufung schon durch Innocenz IV. erfolgt sein muß; da nun dieser bereits am 7. Dezember 1254 in Neapel verschieden ist, so muß in dem knappen Monat zwischen 3. November und 7. Dezember Ansald de Mari und sein Sohn Andreolus wiederum auf die Seite Manfreds getreten sein, die sie eigentlich ja nicht verlassen hatten[2].

Ansald oder wenigstens sein Sohn Andreolus müssen damals doch wohl noch am Leben gewesen sein, als Innocenz IV. den Ansaldus Malonus zum Admiral bestimmte; denn irgendwie stand Andreolus einmal im Dienste Manfreds, da dieser den Venetianern gegenüber sich zur Rückgabe einer Summe verpflichtete, die Andreolus diesen abgenommen hatte. Das hat aber Manfred nur dann tun können, wenn Andreolus dies in seinem Auftrage voll- zogen hat, so daß er verpflichtet war, für den Schaden, den sein Flottenführer angerichtet hat, aufzukommen. In der Tatsache, daß Alexander IV. diesen Andreolus de Mari bei der Ernennung zum Admiral übergangen hat, scheint mir der Beweis zu liegen,

---

[1] B. F. 8907, M. G. Ep. s. XIII Bd. III, S. 320, Nr. 351; vgl. hierzu Caro: Ein Reichsadmiral a. a. O. S. 647, ferner Arndt a. a. O. S. 76.

[2] Falls nicht Ansald de Mari gerade in diesen Tagen gestorben ist, auf welche Möglichkeit Caro: Ein Reichsadmiral a. a. O. S. 647 hinweist.

daß die Familie trotz des Ernennungsdiploms Innocenz' IV. nicht
auf die Seite des Papstes übergegangen ist. Denn sonst hätte
Alexander IV. niemals über Andreolus hinweg den Ansaldus
Malonus zum päpstlich-sizilischen Admiral machen können. War
ja Andreolus ein auf dem Meer vielfach erfahrener Führer, der
in den Jahren des Entscheidungskampfes zwischen Friedrich II.
und Genua ein gut Teil der Führung zur See auf seinen Schultern
getragen hat. Mit diesem Mann werden wir uns sogleich näher zu
befassen haben. Vorher aber dürfte noch ein zusammenfassendes
Wort über Ansald de Mari am Platze sein. Das Jahr seines
Todes ist uns unbekannt; da wir die auf Ansaldus Malonus ge-
fallene Wahl Alexanders IV. anderweitig zu erklären vermochten,
so können wir annehmen, daß Ansaldus noch einige Jahre im
Dienste Manfreds gelebt hat. Philipp Chinardus ist ja erst im
Jahre 1256 im Amt nachzuweisen.[1] Doch dürfte Ansald im September 1257 nicht mehr am Leben gewesen sein[2]. Schon zu
seinen Lebzeiten hatte er für sich und seine Familie gesorgt und
sich eine Ruhestätte ausgesucht. Im Jahre 1244 hatte er in der
Kirche des heiligen Dominicus in Genua ein Grabmal errichten
und auf ihm die Inschrift anbringen lassen, die in deutscher
Übersetzung folgendermaßen lautet: „Grabmal des edlen Mannes,
des Herrn Ansaldus de Mari, Sohn des verstorbenen Herrn
Angelerius, des Grafen von Korsika, des erlauchtesten Fürsten,
des Herrn Friedrichs, erlauchten Kaisers der Römer ehrenwerten
Admirals und seiner Erben"[3].

Geht nicht schon aus dieser Inschrift hervor, daß er gewillt war, der staufischen Sache bis über den Tod hinaus treu
zu bleiben?

---

[1] Vgl. hierzu die folgende Biographie des Philipp Chinardus;
Arndt a. a. O. S. 78 hält das Jahr 1258 fälschlich für das Jahr des
Amtsantritts von Philipp Chinardus; es ist jedoch das Verdienst
Arndts, zuerst auf das Problem hingewiesen zu haben, das sich durch
die Wahl des Alexander Malonus ergibt, durch die Andreolus de Mari
übergangen wurde; doch ist auch von ihr kein Versuch einer Lösung
unternommen worden, da sie mit Karst S. 49 annimmt, daß Ansald
zum Papst abgefallen ist.

[2] Schirrmacher: Die letzten Hohenstaufen S. 599.

[3] Die Inschrift ist abgedruckt bei Vincenti a. a. O.

So dürfen wir glauben, daß Ansald im Dienst gestorben ist, aber nicht im hohen Alter noch das Odium eines Parteiwechsels auf sich geladen hat, wie man bisher annahm, sondern als Ghibelline, der er sein Leben lang war, von dannen gegangen ist. Damit gewinnt sein ganzes Lebensbild an innerer Geschlossenheit; mußte es ja dem, der tiefer in die Dinge hineinzuschauen versuchte, völlig unverständlich sein, daß dieser Mann, der der Kirche so schwer geschadet hat, einen dauernden Frieden mit ihr schließen konnte. Ich bin mir wohl bewußt, daß mit dem gegenwärtig vorhandenen Material ein schlüssiger Beweis für das Verhalten Ansalds nicht zu führen ist; ich hoffe aber, daß archivalische Forschungen, wenn einmal dazu die Möglichkeit in den italienischen Archiven wieder gegeben sein wird, neuen Stoff zutage fördern werden, durch den das Verhalten Ansalds de Mari, das hier teilweise nur intuitiv geschaut werden konnte, einwandsfrei bewiesen wird.

b) Andreolus de Mari.

In der Reihe der sizilischen Seeleute ist auch Andreolus de Mari eingehender zu würdigen. Wissen wir auch nicht, ob er den Titel eines sizilischen Admirals getragen hat, so hatte er doch während der Amtszeit seines Vaters Gelegenheit zu hervorragenden Taten. Was er für die sizilische Flotte unter der Regierung Friedrichs II. gel istet hat, ist in diesem Zusammenhange nicht darzustellen[1]. Als Ansald damals das Amt eines sizilischen Admirals übernahm, stand Andreolus ihm als erwachsener Mann von vornherein zur Seite. An dem großen Sieg der Seeschlacht von S. Giglio und Montechristo im Jahre 1241 hatte er einen wesentlichen Anteil. Jahr für Jahr finden wir ihn in Unternehmungen im Tyrrhenischen Meer täti , auch als Brautwerber ist er für Konrad IV. über das Meer nach der Provence gefahren.

Vgl. Cohn: Der Kampf der Flotte Friedrichs II. gegen Genua, Zeitsch ift „Überall", Januar-Februarheft 1916.

Einen besonderen Amtstitel hat er nicht gehabt, wenigstens ist ein solcher nicht nachzuweisen, doch hat er tatsächlich die Funktionen eines Vizeadmirals ausgeübt. Er war eben zur Entlastung seines Vaters da und war möglicherweise gar nicht von der sizilischen Staatsverwaltung besoldet, aber wir dürfen annehmen, daß Ansald bei der Übernahme des Amtes ausgemacht hatte, daß er, da er ja schon ein älterer Herr war, seinen Sohn Andreolus, dessen besondere seemännische Begabung er erkannt haben mußte, in der Flottenführung mit verwenden durfte.

Als Friedrich II. starb, mag sich an diesem Verhältnis nichts geändert haben, und Vater und Sohn mögen in gleicher Weise weiter im Dienst der sizilischen Krone gestanden haben. Unter der Liste der Admiräle des sizilischen Königreiches ist bisher auch Andreolus de Mari geführt worden und zwar als Nachfolger seines Vaters Ansaldus und als Vorgänger von Philipp Chinardus. „Rein zeitlich ist das nicht unmöglich, denn Philipp ist bisher erst 1258 im Amt nachzuweisen [1]. Aber diese ganze Einreihung unter die selbständigen Admiräle [2] hat lediglich seine Stütze in einer Urkunde, die Andreolus gar nicht Admiral nennt und aus der lediglich hervorgeht, daß Andreolus im Dienste Manfreds eine Unternehmung ausgeführt haben muß. Hier verspricht Manfred im September des Jahres 1257 dem Dogen Rainer Zeno und der Gemeinde Venedig 50000 Bisantier, welche Andreolus de Mari den Venetianern abgenommen hat, binnen 3 Jahren jährlich zu einem Drittel aus seiner Kammer zu ersetzen, wenn sie dahin gekommen sind, oder im anderen Falle durch die

---

[1] Arndt a. a. O. S. 76, wobei sie in der Jahreszahl irrt, die, wie unten zu zeigen ist, 1256 lauten muß.

[2] Pietro Vincenti: Teatro de gli Huomini illustri che furono grand'ammiragli nel regno di Napoli Bd. I, S. 35 führt Andreolus de Mari in der Liste der Admiräle auf, aber er weist nur auf seine Taten hin, die er in den 40er Jahren des 13. Jahrhunderts als „Vice Ammiraglio del Impero e Luogotenente del Padre" ausgeführt hatte, von Taten unter der Regierung Konrads und Manfred ist nicht die Rede, was darauf hindeutet, daß er unter diesen auch nicht Admiral war.

Erben des genannten Andreolus ersetzen zu lassen . Aus dieser
Urkunde geht weder hervor, wo diese Unternehmung stattgefunden
hat, noch zu welchem Zweck. Es ist durchaus möglich, daß
Andreolus auch diese ebenfalls ausgeführt hat, als sein Vater
noch am Leben war, denn sein hohes Alter hinderte diesen, sie
selbst zu unternehmen; hätte nämlich Andreolus sie als Admiral
geleitet oder wäre er überhaupt Admiral gewesen, so müßte es
auffällig erscheinen, warum Manfred dem Verstorbenen in dieser
Urkunde nicht den Amtstitel, wie das doch sonst üblich war, gab.
Somit scheint es mir etwas gewagt, ihn lediglich auf dieses eine
Zeugnis hin unter die Großadmiräle des sizilischen Königreiches
zu rechnen.

Über den Ort des Unternehmens, das Andreolus geleitet
hat, wissen wir nichts, aber wir gehen wohl nicht fehl, wenn
wir annehmen, daß es im Adriatischen oder Jonischen Meere
stattgefunden hat. Denn gerade hier war Manfreds Flotte schon
vor dem Jahre 1257 für diesen beschäftigt[2]. Das genannte
Zeugnis, das sich aus der Urkunde für Venedig ergibt, ist deshalb
besonders wichtig für uns, weil aus ihm sich eine Begrenzung
für das Leben des Andreolus festsetzen läßt; er muß vor September 1257 gestorben sein.

c) Ansaldus Malonus.

Der Vollständigkeit halber sei auch der Persönlichkeit des
Ansaldus Malonus, der ja nicht unter die Admiräle der Staufer
zu rechnen ist, ein Wort gewidmet.

Ansaldus Malonus gehörte zur guelfischen Partei in Genua,
und durch diese doppelte Eigenschaft als Genuese und Guelfe
mag er dem Papste Innocenz IV. besonders geeignet für das
Amt eines Admirals des sizilischen Königreiches erschienen sein.

---

[1] Dies nach B. F. 4667; die Urkunde selbst ist abgedruckt bei
Schirrmacher: Die letzten Hohenstaufen S. 599; nur aus dieser Urkunde hat Schirrmacher a. a. O. S. 131 geschlossen, daß Andreolus
wirklich Admiral Manfreds gewesen ist; seiner Ansicht schließt sich
Karst a. a. O. S. 156 an. Vgl. hingegen Arndt a. a. O. S. 76 Anm. 11.

[2] Vgl. hierzu Arndt S. 76, sowie Regestenanhang Nr. 6.

Aus seinem früheren Leben ist bemerkenswert, daß er, Ansaldus
Soldanus Mallonus, wie ihn die Jahrbücher von Genua nennen,
im Jahre 1238 Podestà von Savona war; seine Amtsführung
verlief nicht glücklich, denn in diesem Jahre brach ein Aufstand
dieser Kommune gegen Genua aus, und am Ostermontag, dem
5. April, wurde das Kastell von Savona von den Aufständischen
besetzt, und die Schloßhauptleute samt dem Podestà Ansaldus
wurden von dort vertrieben[1].

Zwei Jahre später begegnen wir ihm im Rate der 8 Nobiles,
die zur Verwaltung der Stadt Genua gehören[2].

Seine Berufung zu dem Amt des sizilischen Admirals muß
nach dem 3. November erfolgt sein, dem Tag, an dem Ansald
de Mari vom Papste in seinem Amte bestätigt worden ist, und
vor dem 7. Dezember, dem Tage, an dem Innocenz IV. verschied.
Auf den Ruf dieses Papstes hin, der ihn zum „generalis admiratus
regni Sicilie" ausersehen hatte, begab sich Ansaldus Malonus von
Genua nach Neapel. Hier war inzwischen Alexander IV. Papst
geworden, und ihm stellte Ansaldus Malonus eine Bittschrift zu,
in der er ihm auseinandersetzte, wie er zu diesem Amte gekommen
sei. Offenbar war dem neuen Papst der Sachverhalt nicht so
ganz gegenwärtig. Der Bittschrift mag Ansaldus das Schreiben
des verstorbenen Papstes Innocenz' IV. beigelegt haben, durch
das dieser ihn zum Admiral ernannte und ihm gleichzeitig Ein-
künfte in Neapel anwies; daraufhin hat sodann Alexander IV. ihm
am 8. Januar 1255 das Amt des Admirals „cum omnibus juribus
ac honoribus ad ipsum spectantibus" verliehen[3].

Daß Ansaldus Malonus dies Amt in irgendeiner Weise ausgeübt hat, ist nicht bekannt; auch setzte sich Manfred tatsächlich
bald wieder in den Besitz des Reiches und hat über das Amt
des Admirals nach seinem Ermessen entscheiden können[4].

---

[1] Annales Januenses a. a. O. S. 189.

[2] Annales Januenses a. a. O. S. 191.

[3] Vgl. zu dem Vorstehenden B. F. 8907; M. G. Ep. pont. III,
320; ferner Caro: Ein Reichsadmiral S. 647.

[4] Hier sei erwähnt, daß auch Kunde von einem Sohne des
Ansaldus Malonus, nämlich von Simon Malonus, überliefert ist; er

d) Philippus Chinardus.

Die bedeutendste Persönlichkeit unter den Seeleuten unserer Epoche ist zweifellos Philipp Chinardus gewesen, von dem wir nicht genau wissen, in welchem Jahre er sein Amt als Admiral der sizilischen Flotte angetreten hat, an deren Spitze wir ihn im Jahre 1256 finden.

Hohen Reiz gewährt die Beschäftigung mit seinem Leben, das über biographische Einzelheiten hinaus tiefere Einblicke in das Leben des mittelalterlichen Seemannes überhaupt gewährt. Dieser Mann stand schon seit vielen Jahren im Dienste der Staufer und schien so seiner ganzen Persönlichkeit nach als der geeignetste für den wichtigen Posten des Admirals. Auch sein Lebenslauf hat ihn wie Heinrich von Malta, den Admiral der ersten Epoche Friedrichs II., viel in der Welt umhergeführt. Wo die Wiege von Philipp Chinardus gestanden hat, wissen wir nicht, manches spricht für die Insel Cypern[1].

---

vermietete am 7. April 1268 ein Schiff S. Niccolo an den König von Frankreich; dieser Notariatsakt bewahrt uns eine wichtige Beschreibung eines Lastschiffes vom Ende des 13. Jahrhunderts auf. Vgl. hierzu Belgrano: Documenti inediti riguardanti le due crociate di S. Ludovico S. 217 ff.

[1] Das wichtigste Zeugnis für die cyprische Abkunft Philipps ist die Bezeichnung des Guilelmus Cynardus ‚der ein Blutsverwandter, wahrscheinlich ein Bruder des Philipp war, als „cyprensis" (Codice Barese Bd. 2, S. 5); ferner wird seine cyprische Abkunft belegt durch eine Notiz von Marino Sanudo Torsello in seiner „Istoria del Regno di Romania" (Charles Hopf: Chroniques Gréco-Romanes S. 107): Filippo Zonardo suo (d. h. König Manfreds) Armiraglio, ch'era nativo di Cipro.

Für die Herkunft des Philipps sind die mannigfachsten Hypothesen aufgestellt worden! Als möglicherweise Deutschen (forte tedesco) bezeichnet ihn Domenicus Morea im Chartularium Cupersanense S. 339 Anm., jedoch ohne irgend einen Beleg für diese seine Ansicht aufzuführen.

Auch die Einleitung zum I. Bande des Codice Barese S. XVI läßt ihn aus Deutschland gebürtig sein, aber auch an dieser Stelle fehlt jeder Beweis für die geäußerte Ansicht.

Wenn Tutini (S. 59) ihn aus der Gegend von Neapel stammen läßt, so ist auch diese Ansicht, für die keinerlei Beleg angeführt

Schon die Form, in der der Name des Chinardus überliefert worden ist, schwankt mannigfach[1]. Aber auch die Ver-
suche, aus dem Namen seine Abkunft herzuleiten, müssen vorläufig als resultatlos bezeichnet werden[2].

---

werden kann und auch keiner von Tutini angeführt wird, als hinfällig anzusehen und als überwunden zu betrachten.

Das Interesse lenkte sich mehr auf unseren Helden durch einen
Aufsatz Emile Bertaux', den dieser im Supplementheft der Zeitschrift
„Napoli nobilissima" (1897) unter dem Titel: „J monumenti medievali
della regione del Vulture" veröffentlicht. Hier vertritt der Verfasser
die Ansicht, daß Philipp Chinardus französischer Abkunft sei und
einen entscheidenden Einfluß auf die Kastellbauten Friedrichs II.
geübt habe; diese Auffassung unterstrich Bertaux in einem weiteren
Aufsatze, der den Titel führt: „Castel del Monte et les Architectes
français de l'empereur Frédéric II.", veröffentlicht in den „Comptes
rendus des séances de l'Académie des inscriptions et belles lettres",
auch selbständig erschienen: Paris 1897.

Gegen diese beiden Aufsätze machte Giambattista Nitto
de Rossi in einem Aufsatze Front, den er betitelte: „Una Risposta
ad Emilio Bertaux intorno alla pretesa influenza dell'arte francese
nella Puglia ai tempi di Federico II." („Napoli nobilissima" Jahrg. 7,
Heft 9, 1898). Hier vertritt Nitto de Rossi die Auffassung, daß
Philipp Chinardus nicht französischer Abkunft sei; er hat aber seinen
Gegner nicht zu überzeugen vermocht, der in seinem darauffolgenden
Aufsatz: „Un pittore napoletano in Toscana nel 1405, Risposta ad una
risposta" (veröffentlicht in „Napoli nobilissima" Jahrg. 8, Heft 1,
S. 1 ff., 1899) auf seinem Standpunkte beharrt. Wieder setzt Nitto
de Rossi im gleichen Bande der genannten Zeitschrift, im 3. Heft
(Märzheft) hiergegen ein und betitelt diese Erwiderung: „Ancora
per l'arte pugliese, Replica ad una risposta". Er muß hier manches
von seiner Beweisführung zurücknehmen, bleibt aber bei seiner
Auffassung im ganzen stehen, daß Philipp nicht französischer Abkunft
sei. Man kann aber auch jetzt nicht feststellen, daß es ihm nunmehr
gelungen wäre, seinen Widersacher zu überzeugen, denn in seinem
umfassenden Werke, das 1903 unter dem Titel: „L'art dans l'Italie
méridionale" erschienen ist, bleibt Bertaux S. 742/43 bei seiner Ansicht, daß Philipp Chinardus ein Cyprier französischer Abkunft sei.

Wir haben geglaubt, alle diese Schriften und Gegenschriften
in so breiter Ausführlichkeit aufzählen zu müssen, weil sie alle
Material zu dem Leben des Philipp Chinardus beibringen und deshalb für uns wertvoll sind, auch wenn das eigentlich behandelte

Das Geburtsjahr Philipps kennen wir nicht, aber er muß noch ein junger Mann gewesen sein, als er sich im Jahre 1226 nach Unteritalien begibt, wo. wir ihn unter den Zeugen einer

---

Problem, ob nämlich in der unteritalienischen Baukunst sich französicher Einfluß geltend macht, für uns ohne Bedeutung ist. Für dies Problem selbst wird man die Forschungen Haseloffs abzuwarten haben, der hier bekanntlich im Auftrage des preußischen historischen Instituts in Rom Untersuchungen anstellt.

Professor Arthur Haseloff schrieb mir auf eine diesbezügliche Anfrage, daß er zwar Bertaux' Aufstellungen über die Herkunft des Philipp Chinardus für überzeugend gehalten habe, daß er aber jeden Einfluß auf die Bauweise Kaiser Friedrichs II. abstreitet, so lange nicht der Schimmer eines Beweises dafür erbracht ist. Über die Chinardus-Frage spricht Haseloff auf S. 30 des I. Bandes seiner „Bauten in Unteritalien", welches Werk nach einer weiteren gütigen Mitteilung von ihm in einigen Monaten erscheint.

Bertaux' These, daß Philipp Chinardus französischer Abkunft sei, ist nicht neu. Sie ist vor ihm von Hopf in seiner Geschichte Griechenlands (Enzyklopädie von Ersch und Gruber Bd. 85, S. 282) aufgestellt worden; die These stützt sich auf eine schon von Mas Latrie in seiner Histoire de l'ile de Chypre, Bd. 1, S. 260 aufgestellte Hypothese, daß der in einer Urkunde Friedrichs II. erwähnte „Gavianus de Cipro" mit „Gauvain de Chénichy" identisch sei. Da Chénichy im Gebiet von Troyes liegt, ist die französische Abkunft des Gauvain erwiesen (vgl. hierzu G. Rey: Les familles d'outremer de Du Cange, Einleitung S. 1). Muß nun Philipp als sein Stiefbruder, der nur mit ihm dieselbe Mutter hat, nun notwendigerweise auch französischer Abkunft sein? Den absoluten Beweis der Unmöglichkeit jener Identifizierung zwischen Gauvain und Gavianus ist uns jedoch Nitto de Rossi schuldig geblieben. Da aber Gauvain und Philipp tatsächlich nur als Stiefbrüder mütterlicherseits (fratello uterino) (Florion Bustron S. 98) von unseren Quellen angesprochen werden, so bleibt doch noch die Möglichkeit, daß der Vater des Gauvain ein Franzose, der des Philipp ein Cyprier war.

Doch ist diese Frage noch nicht hinreichend geklärt. Es bleibt die Möglichkeit bestehen, daß Philipp, wenn auch von den meisten Quellen als Cyprier bezeichnet, doch französischer Abstammung gewesen ist und vielleicht in jungen Jahren nach Cypern gekommen oder dort als Sohn fränkischer Eltern geboren ist. Auch muß in diesem Zusammenhange darauf hingewiesen werden, daß in einer im II. Bande des Codice Barese auf S. 111 unter Nr. 46 abgedruckten Urkunde von Mabilia, der Witwe des Wilhelm Chinardus, der wahr-

für den Deutschorden im Januar dieses Jahres ausgestellten Urkunde finden[3]. Unter derselben Urkunde steht auch der Name
seines Bruders Gavianus de Cypro; während dieser aber unter

scheinlich der Bruder Philipps war, gesagt wird, sie lebe „more
francorum".

So läßt sich ein abschließendes Urteil über die Frage der
Nationalität Philipps nicht fällen, als C y p r i e r aber können wir
ihn auf alle Fälle bezeichnen, da er seine Jugend in Cypern ver-
bracht hat und, wenn er dort nicht geboren ist, so doch dorthin in
sehr jungen Jahren gekommen sein muß.

Die im Vorstehenden erwähnte Literatur ist auch in den folgenden Untersuchungen an den in Betracht kommenden Stellen
herangezogen worden, doch sind besonders die Arbeiten Nitto
de Rossi's trotz aller in ihnen aufgestapelten Gelehrsamkeit nur mit
großer Vorsicht zu benutzen, da er in seiner temperamentvollen Art
oft weit über das Ziel hinausschießt, auch ihm Fehler aller Art unter-
laufen, die er bisweilen selbst zurücknehmen muß.

In keiner der genannten Schriften ist aber die wichtigste Tätigkeit Philipps, nämlich als Admiral der sizilischen Flotte, irgendwie gewürdigt worden, was im Folgenden zum ersten Male unternommen wird.

Diese ganze im Vorstehenden geschilderte Literatur ist Helene
Arndt in ihrer sonst so vortrefflichen Arbeit über die innere Regie-
rungsgeschichte Manfreds entgangen, so daß die von ihr auf S. 76/77
gegebenen Anhaltspunkte nur mit Vorsicht zu gebrauchen sind und
in wesentlichen Punkten als überholt angesehen werden müssen.
Auch Domenicus Morea stellt in seinem Chartularium Cupersanense
S. 338 und 339 einige Notizen zusammen; aus dem, was Morea über
Philipp Chinardus in der Einleitung zu dem genannten Werk auf
S. LXVI sagt, kann man irrtümlicherweise herauslesen, daß Philipp
Chinardus zu Zeiten Friedrichs II. Admiral der sizilischen Flotte
war, was natürlich nicht zutrifft, denn die Reihe der fridericianischen
Admiräle besteht bekanntlich aus Heinrich von Malta, Nicolinus
Spinola und Ansaldus de Mari.

[1] Nitto de Rossi stellt in „Napoli nobilissima" 1898 Bd. 7,
Heft 9, S. 131 einige der verschiedenen Namensformen zusammen; in
der ältesten Urkunde, aus der wir von der Existenz Philipps hören,
vom Jahre 1226 (Huillard-Bréholles Bd. II, S. 531) wird er Philippus
Cynardi genannt, Philipp von Novaire nennt ihn Phelippe Chenard;
Urkunden aus der Zeit der Anjous bringen die Namensformen
Chynardus oder Zynardus, vor allem aber C h i n a r d u s, welche

den Zeugen aufgeführt ist, die aus dem Imperium stammen, wird
Philipp unter den Zeugen: „De regno vero Ierosolimitano"[4] genannt, was darauf hinzudeuten scheint, daß Philipp damals im
Königreich Jerusalem Besitzungen gehabt haben mag, zu denen
ja auch die Insel Cypern hinzuzuzählen ist.

Bei dieser Gelegenheit mögen die beiden Brüder[5] zum
ersten Male in persönliche Berührung mit dem großen Staufer
Friedrich II. gekommen sein. Philipp hat wohl auch damals zuerst eine große Seereise unternommen und für das Meer Interesse

---

Form ich für meine Darstellung übernommen habe, wie dies auch
Bertaux: „L'art dans l'Italie méridionale" S. 742 getan hat.

[2] Nitto de Rossi hat an der angegebenen Stelle die Namensform
als eine griechische in Anspruch genommen, in dem er sie $Kvva\varrho\delta\iota\varsigma$
schreibt; das Verfehlte dieses Vorgehens hat Bertaux im 8. Bande
von „Napoli nobilissima" Heft 1 richtig erkannt. Der Name weist
viel eher in seinem zweiten Teile „ardus" auf nicht griechischen Ursprung hin, eher auf fränkisch-deutschen.

Es ist nicht ausgeschlossen, daß hier noch eine außerhalb
meines Arbeitsgebietes liegende philologische Untersuchung durch
Vergleichung mit anderen gleichzeitigen Namensformen die Frage
der Lösung näherbringen könnte. Allerdings würde auch dies noch
kein Beweis für die Abkunft des Philipp sein, da dann erst unter-
sucht werden müßte, welche Umstände zur Annahme des Namens
geführt haben.

[3] B. F. 1590; H. B. II, S. 531.

[4] Die Einleitung zum Codice Barese I S. XVI Anm. 1 schließt
aus dieser Auffassung irrtümlicherweise, daß Philipp zum Groß-
würdenträger im Königreich Jerusalem damals ernannt worden ist
(fu nominato grande ufficiale nel regno di Gerusalemme).

Dies trifft aber nicht zu. Philipp kam ja als Abgesandter des
lateinischen Orients zu Friedrich. Die irrtümliche Auffassung des
Codice Barese erklärt sich dadurch, daß dieser annahm, Philipp
stamme aus Deutschland; so konnte er sich Philipps Anwesenheit
auf der Zeugenliste des Königreichs Jerusalem nur damit erklären,
daß er annimmt, er sei hier zu einem hohen Amte berufen worden!

[5] Das verwandtschaftliche Verhältnis der beiden wird erwiesen
durch eine Notiz bei Florio Bustron (S. 98), in der von Filippo
Cenardo als dem „fratello uterino di Gavan" gesprochen wird, ferner
durch die Angaben des Philipp de Novaire in den „Gestes des
Chiprois" S. 68.

gewonnen, vielleicht mag er auch mit dem an diesen Dingen ja
besonders interessierten Kaiser über verwandte Fragen gesprochen haben.

Zu diesem Zeitpunkt hat gewiß auch der junge Philipp
den entscheidenden Entschluß gefaßt, in die Dienste Friedrichs
zu treten und sich damit auf die Seite eines Geschlechtes
zu stellen, dem er von nun an 40 Jahre und während der Regierungszeit dreier Herrscher treu geblieben ist.

Gauvain de Chénichy[1], der Stiefbruder Philipps, gehörte
zu den 5 cyprischen Baronen, die nach dem Tode König Hugos I.
von Cypern gegen die überragende Stellung auftraten, die
Philipp und Johann von Ibelin als vormundschaftliche Regenten
des unmündigen Königs Heinrichs I. von Cypern einnahmen.
Gauvain war auch eine Zeitlang Regent von Cypern gewesen[2].

Auch über diese ihre Pläne haben die Brüder, die wir
vielleicht als Beauftragte in dieser Angelegenheit auffassen können,
mit dem Kaiser möglicherweise Rücksprache genommen. Genug
der Beziehungen waren angeknüpft, und es war klar, daß, als
der Kaiser im Juli 1228 in Cypern landete und sich als Ober-
lehnsherr der Insel von den cyprischen Baronen anerkennen ließ,
er vor allem auch auf Gauvain de Chénichy und seinen Bruder
rechnen konnte[3]. Da durch den Vertrag mit Friedrich II. „sich
die 5 Barone nach dem Weggange des Kaisers als rechtmäßige
und unumschränkte Herren des Landes betrachten[4]" konnten und
Gauvain de Chénichy bald für dies Fünf-Männer-Kollegium die
Regentschaft führte, so nahm auch Philipp Chinardus als Bruder
des Regenten eine besondere Stellung ein.

---

[1] Solange nicht der unbedingte Beweis für die Unmöglichkeit
der Identifizierung der beiden „Gavian" bzw. „Gauvain" erbracht
worden ist, möchte ich an ihrer Identität, die viel für sich hat, festhalten. Vgl. auch hierzu Müller: Longobardenkriege S. 23 und
Winkelmann Jahrbücher Friedrichs II. Bd. II S. 397 Anm. 2.

[2] Vgl. hierzu Winkelmann Jahrbücher, Bd. II S. 397 Anm. 2
und F. Löher: Kaiser Friedrichs Kampf um Cypern S. 167.

[3] Dies alles nach Hans Müller: Der Longobardenkrieg auf
Cypern (1229—1233), Halle, Diss. 1890 S. 11 ff.

[4] Müller a. a. O. S. 13.

Philipp Chinardus zeichnete sich schon im Jahre 1229 bei der Verteidigung von Kantara aus. Hier hatte er, nachdem sein Stiefbruder Gauvain durch einen Pfeilschuß getötet worden war, den Oberbefehl übernommen und die Verteidigung mit Geschick fortgeführt.[1]

Im Jahre 1231 wurde dem Philipp Chinardus die Verteidigung des wichtigen Seeortes Chérines anvertraut[2]. Daß er hier mit 1000 Mann zu Fuß und 50 Rittern sich nicht dauernd halten konnte, war weder seine Schuld noch die Walters von Aquaviva, der ihm in der Führung zur Seite stand[3].

Chérines hat sich aufs heldenmütigste verteidigt[4], aber die Niederlage der Kaiserlichen bei Agridi zog auch den Fall der Festung nach sich, die nach Ostern 1233 kapitulieren mußte. Die lange Verteidigung war nur deshalb möglich ge-

---

[1] Philippe de Novaire a. a. O. S. 68: „Adonc fu cheveteine de la Candara Phelippe Chenart, quy estoit frere de sir Gauvain de par sa mer, et estoit juenes home vistes et penibles. Ceaux dedens celerent la mort de sire Gauvain et l'abastrier dist bien qu'il l'avoit ferut . . . Ceaux dou chasteau . . . par aucun leuc et mené en Puille". Vgl. zur Belagerung von Kantara: Müller a. a. O. S. 23, ferner M. L. de Mas Latrie: „Histoire de l'ile de Chypre" Bd. I, S. 260: „La défense de Kantara passa alors à un chevalier fort apprécié nommé Philippe Génard, frère utérin de Gauvain de Chénichy".

Nitto de Rossi („Napoli nobilissima" Bd. VII, 1898, Heft 9): „Una risposta ad Emilio Bertaux" versucht S. 139 Anm. 1 den Nachweis, daß Philipp Chinardus zwar der Stiefbruder eines Gauvain de Cypro, aber nicht des Gauvain de Chénichy sei; jedoch ist an der Identität der beiden nicht zu zweifeln.

[2] Hauptquelle hierfür ist Philipp de Novaire a. a. O. (Les gestes des Chyprois) S. 101: „Le siege fu devant Cherynes, et ceaus dedens estoyent mout grant gens et avoyent toute lor navie, en quoi il estoyent venus en Chipres et les XII galées: si avint qu'il establirent cheveteine à garder le chastel et le bourc, Phelippe Chenart, quy estoit frere de sire Gauvain de par mere."

[3] Vgl. zur Verteidigung von Chérines: Löher S. 167 ff., ferner G. del Giudice: Riccardo Filangieri al tempo di Federico II., di Corrado e di Manfredi (Archivio storico per le provincie napoletane Bd. 16, S. 138), auch de Mas Lattrie Bd. I, S. 291.

[4] Winkelmann Jahrbücher Bd. II, S. 397.

wesen, weil es gelungen war, die Seefestung mehrere Male von
Tyrus aus über das Meer zu verproviantieren und dem Gegner
nicht genügend Schiffe zur Verfügung standen, um die Festung
zu blockieren[1]. Hier konnte Philipp aus eigener Anschauung
erkennen, wie wichtig es für eine belagerte Festung ist, wenn
ihr der Zugang zum Meere erhalten bleibt. Philipp muß selbst
ein erfindungsreicher Kopf gewesen sein, denn der Chronist
sagt von ihm, daß er als Kapitän in Chérines „molte machine
ingegni et trabochi per diffesa del castello et borgo, qual diffese
longamente et valorosamente[2]“ machen ließ.

Philipp ist damals trotz der Würden eines Festungs-
kapitäns offenbar noch jung gewesen. Wir haben ihn uns
höchstens zu Beginn der 30er Jahre vorzustellen, da er erst
33 Jahre später und dann auch eines gewaltsamen Todes gestorben ist. Die Übergabebedingungen von Chérines an Novaire
waren verhältnismäßig milde und, was uns besonders in diesem
Zusammenhange interessiert, es wurde beschlossen, die Gefangenen
auszutauschen. Die Eroberer verpflichten sich, die Besatzung
samt ihrer persönlichen Habe nach Tyrus zu schaffen. Da
diese Verabredung auch sorgsam innegehalten wurde, ist Philipp auf ein Schiff nach Tyrus gebracht worden. Zwischen
Akkon und Tyrus in der Nähe von Kasal-Imbert fand dann der
Austausch statt[3]. So ist Philipp wieder frei geworden, aber da

---

[1] De Mas Lattrie Bd. I, S. 293.

[2] Florion Bustron S. 98. Vgl. vor allem Phelippe de Novaire
S. 108: „plufors en i fist l'on faire trabus et perieres et mangueneaus,
et mout bien fist garder le chastel, et le bourc asprement fu gardé
longuement". Wie in vielen anderen Stellen, so schöpft Florion
Bustron offenbar auch hier aus Phelippe de Novaire; vgl. Einleitung
zu dessen Ausgabe S. 15. Damit im Zusammenhang stehen mag
wohl auch die aus dem Jahre 1242 stammende, noch später zu er-
wähnende Traneser Inschrift, die Philipp als sehr erfahrenen Kriegsingenieur feiert; doch geht man zu weit, wie dies Bertaux tut,
wenn man hieraus einen „Künstler" Chinardus und Architekten kon-
struieren will, der auf die Baukunst Friedrichs II. besonderen Einfluß
gewonnen hat.

[3] Dies alles nach Müller a. a. O. S. 62.

die Kaiserlichen mit der Übergabe von Chérines den letzten Stützpunkt auf Cypern verloren hatten[1], so war Philipp nun heimatlos[2] und seine Zukunft jetzt ganz mit dem Staufergeschlecht verbunden, in dessen Dienste er bis zu deren Untergange stand.

Wenn wir auch nicht genau wissen, wann diese Übersiedlung Philipps nach Italien sich vollzogen hat, so dürfen wir sie doch für diese Jahre (1232) mit Sicherheit annehmen.

Vielleicht ist es gerade die bei der Belagerung von Chérines bewiesene Fähigkeit des Philipp Chinardus im Verteidigen von Seeorten gewesen, die den Kaiser bestimmte, Philipp bald in seine Dienste zu nehmen. Wir wissen, daß gerade die Seestädte im Königreich: Trani, Bari, Neapel und Brindisi im Jahre 1233 auf Befehl des Kaisers befestigt wurden[3], andererseits ist uns bekannt, daß Philipp Lehnsherr im Gebiet von Bari wurde! Allerdings ist er hier erst im Jahre 1240[4] nachzuweisen, aber die Annahme liegt nahe, daß er hier schon bald nach seiner Vertreibung aus Cypern angesiedelt wurde und seine Dienste dem Kaiser zur Verfügung stellte[5]. Nachweisbar allerdings ist seine Betätigung als beratender Seefestungsingenieur nicht, und es wäre falsch, aus der Möglichkeit dieser Stellung auf seine Fähigkeit als Architekten zu schließen[6]. Über seine Tätigkeit als Lehns-

---

[1] Müller a. a. O. S. 63.

[2] Auch war die ausdrückliche Entfernung der Familie des Gauvain aus Cypern verlangt worden. (Ph. de Novaire: Les gestes des chyprois S. 68).

[3] Richard von S. Germano: Chronica (M. G. SS. XXIX S. 370). „Castella in Trano, Baro, Neapoly et Brundusio iussu imperatoris firmantur".

[4] Morea: Chartularium Cupersanense S. 337.

[5] Auf diese Zusammenhänge macht zuerst Bertaux aufmerksam in seinem Aufsatz: Castel del Monte et les architectes français de l'empereur Fréderic II. (Comptes rendus d l'Academie des inscriptions et belles-lettre) Bd. 25, 1897, S. 441: „Il est naturel de supposer que Philippe Chinard ait eu la haute direction de tous ces travaux de défense maritime".

[6] Bertaux geht in dem oben zitierten Aufsatz in seinen Folgerungen zu weit und hat selbst in seinem späteren Werke: „L'art dans l'Italie méridionale" seinen Standpunkt geändert.

herr sind wir sodann durch eine Reihe von örtlichen Urkunden unterrichtet; sie lassen auch mancherlei Schlüsse auf seine Persönlichkeit zu. In diesen Urkunden nennt er sich selbst: Wir Philipp Chinardus, durch Gottes und kaiserliche Gnade Herr von Conversano[1]. Mit dem letzteren Ort haben wir schon den Hauptort seines Gebietes genannt: Conversano, das 30 Kilometer südöstlich von Bari gelegen und nur 8 Kilometer vom Adriatischen Meere entfernt ist. Hier mag das feste Schloß sein gewöhnlicher Aufenthaltsort gewesen sein. Es gehörte weiter zu seinem Besitz: Rutigliano, das 17 Kilometer südöstlich von Bari liegt, dessen Kathedrale schöne Portale des 13. Jahrhunderts besitzt[2], die vielleicht gar aus der Zeit Philipps stammen. Ferner besaß er das Landgut Campoli[3] und außerdem in dieser Gegend die Oberherrschaft über Casamassima und Turi. Im gleichen Gebiet hat er auch Acquaviva delle Fonti besessen. Von diesem letzten Ort wissen wir aber am wenigsten aus der Zeit der Herrschaft Philipps[4].

Während alle diese Orte südöstlich von Bari gelegen sind, besaß er auch einen Ort, der ziemlich genau westlich von Bari in einer Entfernung von 28 km von diesem Orte sich befindet, nämlich Terlizzi[5].

---

[1] Morea: Chartularium Cupersanense S. 337.

[2] Baedecker: Unteritalien S. 241.

[3] Vgl. hierzu vor allem die Bestätigungsurkunde Papst Innocenz IV. vom 13. November 1254 (B. F. 8874; M. G. Ep. pontificum Bd. III, S. 308 Nr. 339, sowie auch: Les Regestes d'Innocent IV. ed. Berger Bd. III, Nr. 8180), in der gesagt ist, daß Philipp alle diese Besitzungen von Friedrich und Konrad erhalten hat.

[4] Wir hören von ihm nur aus einer Erwähnung in einer im Jahre 1296 abgefaßten Urkunde (Codice Barese II S. 114 Nr. 47). Hier heißt es: „a tempore domini Frederici Imperatoris et domini Philippi Chinardi quondam domini Aquevive" usw. Ob Philipp diesen 11 km von Bari entfernten Ort bis zu seinem Tode in Besitz gehabt hat oder ob er inzwischen in andere Hände übergegangen war, wenn er überhaupt seinen Herrn gewechselt hat, wissen wir nicht. Vgl. auch die Einleitung zum Codice Barese I, S. XVI.

[5] Alle die bisher genannten Orte mit Ausnahme von Acquaviva werden in der Bestätigungsurkunde des Papstes Innocenz IV. aus dem Jahre 1254 erwähnt. (B. F. 8874; M. G. Ep. pont. Bd. III, S. 308, Nr. 339.)

Die Herrschaft Philipps über Terlizzi scheint mir aufschluß-
reich zu sein für den Verlauf seines ganzen Lebens, deshalb verlohnt es, sich mit ihr in unserem Zusammenhang näher zu beschäftigen. Philipp Chinardus hat Terlizzi wahrscheinlich im
Jahre 1240 nach dem Tode des Logotheten Andreas erhalten
und bis zum Jahre 1254 wenigstens in Besitz gehabt, in welchem
Jahre es ihm mit seinen anderen Besitzungen vom Papst Innocenz IV. bestätigt wurde. Nun glauben wir aber behaupten zu
können, daß er den Ort noch länger beherrscht hat; Carabellese[1]
führt in der Liste der Herren von Terlizzi einen „Ammiratus
von Terlizzi" zum Jahre 1255 auf. Liegt nun nicht die Behauptung sehr nahe, daß dieser „Ammiratus" kein anderer ist
als unser Philipp Chinardus, von dem wir, wie wir im Verlaufe
unserer Untersuchung anderweitig noch nachzuweisen haben werden, berechtigt sind anzunehmen, daß er möglicherweise schon
vor dem Jahre 1256 Großadmiral des Königreiches geworden
ist? Sehen wir uns die Urkunde[2] einmal näher an! Es handelt
sich um einen Pachtvertrag, den ein gewisser Richard mit der
Kirche S. Angelo schließt, und dieser Richard bezeichnet sich
selbst als „Riccardus filius Lectii cammerarius terrarum domini
Ammirati civitatis (Terlitii)". Man sprach in der Gegend eben
nur von Philipp Chinardus als „dem Admiral", was ja auch eine
eindeutige Bezeichnung ist, da es im Königreich nur einen Admiral gibt[3]. Wir dürfen hierbei an die schon oben erwähnte
Tatsache erinnern, daß Saba Malaspina, wenn er von der sizilischen Flotte im Jahre 1265 redet, von ihrem Führer stets nur
als von dem Admiral spricht, ohne irgend eine Namensbezeichnung

---

[1] In seiner Einleitung zum III. Bande des Codice Barese, dem
Codice diplomatico Terlizzese S. XXVII, hält Carabellese, wie es ja
auch augenscheinlich ist, den Philipp Chinardus für den bedeutendsten Herrn von Terlizzi.

[2] Codice diplomatico Terlizzese (III. Band des Codice Barese)
S. 285 Nr. 262 Zeile 4.

[3] Vgl. auch Codice Barese Bd. III, S. 301, Urkunde Nr. 257, wo
ein Johannes als „terrarum domini Amirati et Rubi judex" unter-
zeichnet. (25. März 1262.)

hinzuzufügen. Aber auch dort ist nicht daran zu zweifeln, daß es Chinardus gewesen ist.

Trifft also unsere Behauptung zu, so hätten wir die sichere Erkenntnis gewonnen, daß Chinardus schon vor dem 20. August des Jahres 1256 zum Admiral des Königreiches ernannt worden ist[1]. Eine im Urkundenbuch von Conversano veröffentlichte Urkunde[2] ermöglicht uns, den oben angetretenen Beweis noch schlüssiger zu gestalten. Wir lernen aus ihr den Christofalus kennen, der sich selbst bezeichnet als „terrarum domini nostri philippi chinardi tocius Regni iherusalem sicilie egregii ammirati castellanus et magister procurator". Aus der Unterschriftsliste interessiert uns die zweite, sie lautet: „Cupersani et terrarum domini Ammirati Judex Iohannes de magistro Vito subscripsi". Also auch hier erscheint es dem Richter unnötig, den Namen des Admirals noch hinzuzufügen, weil eben unter diesem Admiral, wie auch aus der Urkunde ersichtlich ist, nur Philipp Chinardus verstanden werden kann.

Da diese Urkunde am 26. Mai 1256 ausgestellt ist, so haben wir aus ihr die unumstößliche Gewißheit, daß Philipp Chinardus vor diesem Tage zum sizilischen Admiral ernannt worden ist, worauf wir später noch zurückzukommen haben. Zunächst interessiert uns in unserem Zusammenhang die Feststellung, daß Philipp als Lehnsherr in der Provinz Bari groß und mächtig dastand und daß seine Macht in den Orten Terlizzi, Conversano und Acquaviva ihren Mittelpunkt fand.

Es wäre nun noch von Bedeutung zu wissen, wann Philipp in den Besitz dieser ausgedehnten Ländereien gekommen ist für Terlizzi dürfen wir, wie oben auseinandergesetzt, das Jahr 1240 annehmen, für Conversano[3] dürfte die Verleihung in demselben

---

[1] Dies Jahr kann als gesichert gelten. Vgl. auch dazu Bertaux: I monumenti medievali della Regione del Vulture S. IV. Arndt nimmt fälschlich erst das Jahr 1258 an, da sie die Urkundensammlung von Morea nicht herangezogen hat.

[2] Morea, Chartularium Cupersanense S. 361 Nr. 188.

[3] B. F. 2683; Böhmer-Ficker: Acta imperii inedita S. 697 Nr. 920, ad annum 1247/48; vgl. zu dieser Datierung B. F. 2683.

Jahre, vielleicht aber schon im vorhergehenden erfolgt sein, für Acquaviva ist nichts zu ermitteln!

Es war ein stattliches Lehnsgebiet, das Philipp besaß, eine Herrschaft, um die ihn mancher beneiden konnte; dies müssen wir uns vergegenwärtigen, wenn uns so recht klar sein soll, warum in späteren Jahren, als Philipp schon längst tot war, König Karl seine Kinder mit so unermüdlichem Haß verfolgte. Der tote Admiral konnte ihm nichts mehr tun, aber seinen Privatbesitz wollte er gern selbst haben oder an ihm ergebene Leute verteilen, zumal ja auch Philipp inzwischen noch im Ionischen Meere beträchtliche Gebiete erworben hatte. Doch wir wollen den Ereignissen nicht vorgreifen.

Hier drängt sich zunächst die Frage auf, was den Kaiser damals um das Jahr 1240 und in den folgenden Jahren veranlaßt haben mag, Philipp Chinardus mit einem so außergewöhnlich reichen Lehnsbesitz auszustatten. Was hat ihm Philipp dafür geleistet? Die Quellen schweigen darüber, aber die Annahme[1] hat viel Wahrscheinlichkeit für sich, daß Philipp sich damals in Begleitung des Thomas, Graf von Acerra, im Orient befand; dieser war ja von Friedrich zum Statthalter des Reiches Jerusalem ernannt worden, und es lag nahe, daß er für die im Osten zu erfüllenden Aufgaben sich seinen Schwiegersohn Philipp, den

---

Hieraus würde sich ergeben, daß Philipp Chinardus schon im Jahre 1239 im Besitz von Conversano war; die erste Privaturkunde, mit der Philipp im Chartularium Cupersanense (S. 337) vertreten ist, datiert er aus dem Jahre 1242. Daraufhin haben Morea S. LXVI und ihm folgend Nitti di Vito im Codice Barese I, XVI angenommen, daß Philipp erst in diesem Jahre Herr von Conversano geworden ist; jedoch ist es durchaus möglich, daß er es schon längere Zeit war; ist uns ja auch ein anderer Herr von Conversano aus den vorangehenden Jahren nicht bekannt. Auch deutet der Inhalt der Urkunde darauf hin, daß Philipp doch schon einige Zeit vor 1242 im Besitz von Conversano gewesen sein muß.

[1] Diese Vermutung ist von Nitto de Rossi in seinem schon erwähnten Aufsatz in „Napoli nobilissima" Jahrgang 1899, Märzheft S 42, in überzeugender Weise geäußert worden.

Gemahl seiner Tochter Albereja[1], mitnahm. Diese östliche Tätigkeit muß sich in den Jahren 1242—47 abgespielt haben, dann begegnen wir Philipp, wie noch zu schildern sein wird, in Italien wieder.

Er mag dort dem Kaiser wertvolle Dienste sicher haben leisten können, da er ja aus dem Orient stammte und mit den Verhältnissen wohl vertraut war. Eine Gewißheit aber, daß er damals im Osten gewesen ist, haben wir nicht, vielleicht, daß auch hier spätere Forschung noch einmal Beweise ans Licht bringt.

Was ergibt sich nun für den Charakter Philipps und die Beurteilung seiner ganzen Persönlichkeit aus der Zeit der Herrschaft im Gebiet von Bari? Wie verstand er es, hier seine Macht durchzusetzen? Das sind die Fragen, die wir uns nunmehr vorzulegen haben. Philipp war offenbar bestrebt, seine Macht auszunützen und nicht zuzulassen, daß sich Unberechtigte auf seinem Grund und Boden ansiedelten, aber er gab auch nach, wenn ihm bewiesen wurde, daß er in der Wahrnehmung seiner Rechte zu weit gegangen war[2].

Als ihn das Amt des Admirals völlig in Anspruch nahm, sah er sich genötigt, sich in der Ausübung seiner Herrschaftsrechte vertreten zu lassen, und er bestellte den Christofalus[3] zum Kastellan[4] und Magister Procurator; in diesem Doppelamt ist er sicher von Philipp mit den weitgehendsten Befugnissen ausgestattet worden. Auch dieser Christofalus ist im Sinne seines Herrn nachgiebig, wenn es heißt, ein Unrecht wieder gut zu machen. So erkennt er dem Kloster von Conversano gegenüber an, daß er im Interesse des Admirals in seinen Ansprüchen auf ein bestimmtes Haus zu weit gegangen ist! Über den Verlauf dieser ganzen Angelegenheit war Philipp selbst unterrichtet, und nach seinem ausdrücklichen Willen geschieht es, wenn Christofalus eine Verzichturkunde dem Kloster gegenüber ausstellen läßt.

---

[1] Über Philipps verwandtschaftliche Beziehungen wird später noch zu handeln sein.

[2] Morea, Chartularium Cupersanense S. 737 ff.

[3] Morea a. a. O. S. 361.

[4] Zu diesem Titel vgl. Morea a. a. O. S. 361 Anm. a.

Auch hier möchten wir glauben, daß eine persönliche Anweisung
Philipps vorliegt, als sein Magister Procurator Christoforus —
so heißt er in einer Urkunde von 1259 [1] — eine anderweitige
Vermietung eines Gehöftes vornimmt, weil die vorigen Pächter
aus Armut den geplanten Bau eines Hauses nicht ausführen
konnten; Christoforus begründet dies damit, daß der Bau von
Gebäuden den Städten zur Zierde gereiche, und außerdem im
Interesse der Verwaltung der Abgaben wegen läge.

Daß Philipp auch in diesen Jahren, in denen er ohne besonderes Amt war, das Ohr seines Kaisers und Lehnsherrn besaß, geht aus der Tatsache hervor, daß Friedrich wohl im Jahre
1239 einer Beschwerde Philipps nachgab. Der Kaiser wies
nämlich den Justitiar von Bari, Landulf de Franco an, den von
Philipp Chinardus, dem Friedrich in seinem diesbezüglichen
Schreiben den Titel „fidelis noster" gibt, in seinem Gebiete be-
stellten Richter zu belassen [2].

Das Streben, die Lehnsherrschaft zu einem selbständigen
Reiche auszugestalten, teilte ja Philipp mit den anderen Lehns-
trägern seiner Zeit. Es war natürlich, daß hier manchmal Inter-
essenkonflikte zwischen diesen Feudalen und der Zentralverwaltung des Reiches eintreten mußten und daß die letztere streng
darüber wachte, daß ihre Rechte nicht geschmälert wurden.
Heikle Rechtsfragen sind im Einzelnen entstanden, und die
Abgrenzung der Rechte der gegenüberstehenden Parteien mag
oft schwer gewesen sein. Während aber die meisten derartigen
Lehnsfragen zwischen den Beteiligten privatrechtlich im Wege
des Vertrages geregelt wurden, hatte der Staat zur Wahrnehmung
seiner Interessen bezüglich entfremdeten Lehnsgutes eine besondere Behörde, die „reintegratores feudorum" eingesetzt. Diese
hatten nun natürlich auch Gelegenheit, die Verhältnisse im Gebiet des Philipp Chinardus zu untersuchen und darüber an Friedrich zu berichten. Aus dem Bescheid des Kaisers an die vor-
genannte Behörde ist nicht recht zu ersehen, ob es sich um einen

---

[1] Morea a. a. O. S. 373, 194. Es handelt sich wohl aber um
denselben Mann, der in der Urkunde von 1256 S. 361 erwähnt ist.

[2] B. F. 2683, Winkelmann: Acta S. 716 Nr. 942.

offenbaren Rechtsbruch Philipps handelte. Doch möchten wir
dies nach dem Verhalten, wie er es in den vorher geschilderten
Fällen gezeigt hat, nicht annehmen; vielleicht hat er nur unklare
Verhältnisse zu seinem eigenen Vorteil nutzbar gemacht. Wir
wissen auch nicht genau, wann diese Angelegenheit spielte, doch
ist es wahrscheinlich, daß der Bescheid Friedrichs Ende März
des Jahres 1248 erfolgte[1].

Friedrich mag wohl geneigt gewesen sein, gegen den bewährten Mann, von dem er ausdrücklich in dem Schreiben an
die reintegratores hervorhebt, daß er „in nostro servitio" steht,
nicht allzuscharf vorzugehen. Damals ist vielleicht Philipp auch
nicht persönlich auf seinem Lehnssitze anwesend gewesen, denn
der Kaiser wies seine Beamten an, erst nach der Rückkehr
Philipps gegen ihn das Verfahren einzuleiten. Hier liegt die
Vermutung nahe, daß Philipp noch im Orient war und dem Kaiser
dort so wichtige Dienste leistete, daß er sich veranlaßt sah, das
ganze Verfahren bis zu seiner Rückkehr zu suspendieren. Doch
scheint auch nachher überhaupt nichts aus diesem geworden zu
sein, da wir Philipp noch viel später in den Zeiten Konrads und
Manfreds in jener Gegend ansässig finden; höchstens dürften
wir annehmen, daß er dies oder jenes Gehöft hat herausgeben
müssen. Für seinen gesamten Lehnsbesitz ist dies aber belang-
los gewesen.

Philipp Chinardus hat manche Glieder seiner Familie in
seiner Nähe gehabt, wo sie vielleicht teils selbständigen Lehnsbesitz hatten, teils einzelne Güter von ihm zur Verwaltung erhalten haben mögen. Wie seine eigene Ansiedlung, so ist
auch sicherlich die seiner Verwandten um den Zeitpunkt dort
erfolgt, als das ganze Geschlecht infolge seiner Verbannung aus
Cypern heimatlos wurde. Wir hören von einem Neffen Philipps
Johannes Calvanus, der Schloßhauptmann von Trani wurde (1247)[2].

---

[1] So ordnet B. F. 3687 dieses Aktenstück zeitlich ein, das bei
Winkelmann: Acta S. 695 Nr. 920 abgedruckt ist. Vgl. auch B. F.
3673; zur Datierung vgl. auch Nitto de Rossi in „Napoli nobilissima",
Märzheft 1899.

[2] Winkelmann Acta S. 692 Nr. 918.

Vor allem aber begegnet uns sehr oft Wilhelm Chinardus, wahrscheinlich ein Bruder unseres Philipp. Dieser herrschte im Casale Arricaro[1] und später in Casano[2]. Mit Wilhelm Chinardus, über den die Nachrichten reichlicher fließen, wollen wir uns wenigstens im Vorbeigehen etwas näher beschäftigen, da er der bedeutendste Verwandte aus Philipps Familie nach dem Tode dessen Stiefbruders Gauvain de Chénichy gewesen ist. Auch fließen gerade über ihn die Quellen etwas reichlicher.

Von ihm wird uns ausdrücklich berichtet, daß er aus Cypern[3] stammte. Dies ist, wie schon oben erwähnt, auch für die Erkenntnis der Abkunft seines Bruders von großer Bedeutung.

Er war mit Mabilia verheiratet[4]. Diese war die Tochter

---

[1] B. F. 8867; M. G. Ep. pont. III, 308, sowie auch „Les Registres d'Innocent IV. ed. Berger, Bd. III, Nr. 8179; eine wirkliche Rückkehr „ad devotionem Ecclesiae" hat aber Wilhelm damals ebensowenig vollzogen wie sein Bruder Philipp. Vgl. hierzu auch B. F. 9114; hier übergeht Alexander IV. in einem Briefe an den Erzbischof von Trani die Rechte Philipps und seiner Nepoten an Terlizzi und Arricari. Dieser Brief ist deshalb für uns wichtig, weil zwei Verwandte Philipps mit Namen genannt werden, nämlich Johannes Galvanus und Guglielmus Cynardus, mit dem wir uns noch näher zu befassen haben. In der Verleihung Alexanders vom 17. Februar 1256 heißt es wörtlich: „non obstante donatione predictorum locorum (Terlicium et Arricarum) facta per eundem dominum Fridericum quondam imperatorem Philippo Girardo (sic!) vel Johanni Galvano vel Guilielmo Cynardo, consanguineis suis."

[2] Vgl. hierzu Codice Barese I, S. XVI. Hier wird Wilhelm im Besitz von Cassano und als Bruder Philipps aufgeführt. Da Philipp Herr von Acquaviva war, mag er, wie Nitto de Rossi annimmt, Wilhelm mit der Verwaltung dieses Gebietes, zu dem auch das Dorf Cassano gehört, betraut haben.

[3] Codice Barese Bd. II, S. 5, Urkunde Nr. 2 spricht von „Guilelmus Cynardus cyprensis". An den folgenden Stellen der im II. Bande des Codice Barese abgedruckten Urkunden wird er noch mehrmals erwähnt, wobei seine Namensform zwischen Cynardus und Chinardus wechselt. Vgl. Urkunde 2, 8, 9, 11, 13, 34, 46, 57.

[4] Mabilia wird erwähnt in den Urkunden des II. Bandes des Codice Barese Nr. 2, 8, 9, 13, 34, 46, 57, 59.

des Goffridus Franciscus[1] und der Agnessa[2]; der erstere muß
schon vor dem Jahre 1266 gestorben sein. Aus der Ehe Wilhelms mit Mabilia ist ein Sohn Narzo[3] hervorgegangen. Von
Mabilia wird besonders hervorgehoben, daß sie nach dem Tode
ihres Gatten, der zwischen 1267 und 1284[4] erfolgte, nach der
Sitte der Franken[5] oder Römer[6] lebte.

Wilhelm Chinardus hatte einen langwierigen Rechtsstreit
mit dem Erzbischof von Bari über den Besitz von Cassano
und Bitritto durchzufechten, der auch nach seinem Tode noch
weitergeht und auch zu Beginn des 14. Jahrhunderts in den Urkunden wieder auftaucht. Ihn im einzelnen zu verfolgen, dürfte
außerhalb unserer Aufgabe liegen[7]. Wie Wilhelm in den Besitz
von Cassano und Bitritto gekommen ist, wissen wir nicht, möglicherweise sind diese Gebiete aus dem Herrschaftsbereich seines
Bruders für ihn abgezweigt worden.

Daß Philipp auch in den 40er Jahren immer mehr an der
Befestigung seiner Stellung in der Provinz Bari gearbeitet hat,
ist gewiß. Eine über dem alten Tor der Burg von Trani angebrachte Inschrift aus dem Jahre 1242 besagt, daß er ein sehr
erfahrener Kriegsingenieur gewesen ist[8]. Als nämlich der Kaiser
sich im Herbst des Jahres 1247 genötigt sieht, wohl, weil er
selbst bei der Belagerung von Parma überwintern muß, im Königreich den Walter von Manupello zum Kriegshauptmann zu be-

[1] Codice Barese Bd. II, Urkunde 46.

[2] Codice Barese Bd. II, Urkunde 2, 8, 9, 11, 13 und 57.

[3] Codice Barese Bd. II, Urkunde Nr. 46.

[4] In diesem Jahre wird Mabilia als Witwe bezeichnet; Urkunde
Nr. 34 des II. Bandes des Codice Barese vom 13. Mai 1284.

[5] „Mabilia f. qd. domini Goffridi Francisci et uxor qd. Guillelmi
Chinardi more francorum vivens" (Codice Barese Bd. II, Nr. 46
S. 111).

[6] An gleicher Stelle S. 113: „secundum legem Romanorum seu
Francorum consuetudinem, qua vivit." Das Verfahren erfolgte also
nach römischem Recht.

[7] Das Material hierzu findet man in den vorstehend zitierten
Urkunden des II. Bandes des Codice Barese.

[8] Auf die Frage der Inschrift ist weiter unten noch näher
eingegangen.

stellen, ordnet er diesem einen Rat von fünf Männern bei; unter diesen befindet sich auch Philipp Chinardus [1]. Es war dies ein Zeichen höchsten Vertrauens; für sechs Monate war die Bestallung Walters gedacht und für ebensolange natürlich die des Beirates. Als „dilecti fideles nostri", als „unsere geliebten Getreuen" werden diese fünf Räte vom Kaiser bezeichnet, als „consiliarii und coadiutores" dem Kriegshauptmann zur Seite gestellt. Hier befindet sich Philipp in Gesellschaft seines Schwiegervaters, des Grafen von Acerra, Thomas von Aquino, mit dem er ja möglicherweise schon in den Jahren 1242 bis 47 im Orient zusammen gewirkt hatte [2].

Es ist zu bedauern, daß der Brief, von dem Friedrich schreibt, daß er ihn an diese fünf Männer richte, uns nicht erhalten ist. Vielleicht fördert ihn einmal ein späterer Fund zutage. Dies Kollegium, das sich Friedrich II. wohl ständig bei Walter vereint dachte [3], sollte in erster Reihe Maßnahmen treffen, den Krieg von den Grenzen des Königreiches fern zu halten; für diese Aufgabe war ein so alter erfahrener Kriegsmann, der auch im Befestigen von Seeplätzen eine gewisse Erfahrung hatte, recht gut an seinem Platze. Inwieweit Philipp bei Erfüllung dieser Aufgaben hervorgetreten ist, wissen wir nicht.

In seiner Eigenschaft als einer der bedeutendsten Lehnsträger der Terra di Bari wurde Philipp auch noch im Jahre 1247 [4]

---

[1] B. F. 3647; Winkelmann Acta I, S. 689, Nr. 916. Vgl. auch dessen Bemerkung über die Zeit dieser Bestallung, sowie auch das, was B. F. a. a. O. gesagt wird.

[2] Vgl. Nitto de Rossi: „Napoli nobilissima" a. a. O. S. 42.

[3] „Quorum te continuata presencia super arcenda guerra de regni finibus . . . robustiorem reddat et efficiat cautiorem"; Winkelmann Acta a. a. O.

[4] Das Jahr steht nicht genau fest, doch wird das Schreiben Friedrichs an den Justitiar der Capitanata, in dem von diesen Dingen die Rede ist, allgemein in dieses Jahr gesetzt, so auch Eduard Sthamer: Die Verwaltung der Kastelle im Königreich Sizilien unter Kaiser Friedrich II. und Karl I. von Anjou, S. 58. Dies Werk ist für alle Fragen, die Kastelle betreffen, grundlegend und nur allein heranzuziehen.

in anderer Weise von Friedrich II. in Anspruch genommen. In
diesem Jahre teilt Friedrich dem Justitiar der Capitanata mit,
daß er dem „Thomasius de Horia olim provisor castrorum Capi-
tinate et Terre Bari" einen Erlaß über die Kastellverwaltung
gesandt habe[2]. „Es handelt sich bei der ganzen Verfügung
offenbar nur um eine Erneuerung und Feststellung älterer Gewohnheit"[3]. Für uns ist wichtig, daß einer der in der Ausführung
dieser Verordnung ernannten Kastellane Philipp Chinardus gewesen
ist, dem das sehr wichtige Kastell von Bari anvertraut wurde,
wie seinem Neffen Johannes Galvanus zu gleicher Zeit das ebenfalls bedeutende Kastell von Trani.

Gemäß der Verfügung über die Kastellbewachung hatten zu
der des Kastells von Bari außer Philipp selbst Hugo Chombactus,
Petrus de Lusito, Matheus de Carbonaria und der Herr von Turi,
Goffridus Franciscus beizutragen[3]. Damit war auf Philipp ein
neuer großer Pflichtenkreis[4] übergegangen; doch brachte er ja
für dieses Amt von seiner ruhmvollen Verteidigung von Chérines
auf Cypern ein bedeutendes Maß von Erfahrung mit. Die
Kenntnisse, die sich Philipp Chinardus einst auf Cypern erworben
hatte und die den Chronisten zu dem Urteil veranlaßten, daß er
ein tüchtiger Kriegsingenieur sei[5], mögen auch zur Folge gehabt haben, daß er sich für ein Festungswerk interessierte,
welches mit dem Kastell von Trani in Verbindung stand und
dessen Plan auf ihn zurückgeht. Eine Inschrift über dem Tor
ist erhalten und bewahrt die Erinnerung an diese Tätigkeit
Philipps, dessen Vielseitigkeit dadurch in ein neues Licht gesetzt
wird. Die Inschrift lautet:

> „Cesaris imperio divino mare tonante
> Fit circa castrum munitio talis et ante

---

[1] Dieser Brief Friedrichs ist abgedruckt bei Winkelmann:
Acta S. 691/92 Nr. 918, B. F. 3649. Vgl. Sthamer a. a. O. S. 58.

[2] So Sthamer a. a. O. S. 58.

[3] Winkelmann Acta S. 692.

[4] Vgl. hierzu vor allem das 4. Kapitel: „Die Kastellane" in
dem mehrfach zitierten Buche von Sthamer S. 52 ff.

[5] Florion Bustron S. 98.

Huic operi formam seriem totumque necesse
Philippi studium Cinardi protulit esse;
Quoque magis fieret studiis hec fama tranensis
Profuit his, Romualdi cura barensis.
Anno inc. I. C. MCCXLIX. Indic. VII" [1].

„Das unter der Leitung von Chinardus errichtete Werk ist
nur eine Mauer ohne Merkmal. Das gotische Spitzbogentor, über
dem die Inschrift eingelassen ist, hat weder Skulpturen noch
Simse" [2]. So muß auch der Versuch aufgegeben werden, etwa

_____

[1] In dieser Form wird die Inschrift von E. Bertaux in seinem
Werke: „L'art dans l'Italie meridionale" wiedergegeben (S. 743),
doch hat sich besonders um die Lesart der beiden letzten Zeilen eine
eingehende Diskussion erhoben. Ohne zu ihr Stellung zu nehmen,
da ja diese Frage unsere Untersuchung nicht berührt, führe ich die
wichtigste Literatur dazu an. Die für die Entzifferung ungünstige
Lage des in Frage kommenden Tores des Kastells von Trani mag
dazu beigetragen haben, daß dies Problem noch nicht endgültig gelöst ist. Zuerst hat die Inschrift der Ingenieur F. Sarlo entziffert;
sie wurde darauf publiziert in dem Werke von G. Beltrani und
F. Sarlo: „Documenti relativi agli antichi seggi de'nobili ed alla
Piazza del popolo della città di Trani" (Trani [Vecchi] 1883), S. 84.
Ferner ist sie in der gleichen Form veröffentlicht bei Emmanuele
Merra: „Castel del Monte", Trani (Vecchi) 1895, S. 45.

Auf die Inschrift wies sodann erneut hin Bertaux in seiner
1897 erschienenen Monographie: „I monumenti medievali della
regione di Vulture" (Supplementheft zur Zeitschrift „Napoli nobilissima") und in der in demselben Jahre veröffentlichten Untersuchung: „Castel del Monte et les Architectes français de l'empereur
Frédéric II." (Comptes-rendus des séances de l'Academie des in-
criptions et belles lettres).

Gegen beide Veröffentlichungen nimmt nun Stellung Nitto
de Rossi: „Una Risposta ad Emilio Bertaux" („Napoli nobilissima"
1898, Bd. VII, Heft 9), worauf wieder Bertaux antwortet: „Un
pittore napoletano" („Napoli nobilissima" 1899 Bd. VIII, Heft 1).
Dies bringt wieder eine Antwort Nitto de Rossi's hervor: „Ancora
per l'arte pugliese" („Napoli nobilissima" Bd. VIII, 1899, Heft 3),
worauf als abschließende Darstellung die oben zitierte Stelle in
Bertaux' Werk: „L'art dans l'Italie méridionale" (S. 743) erscheint.

Auch hier wird die Stellung Arthur Haseloffs in seinen
„Kastellbauten" abzuwarten sein.

[2] So Bertaux a. a. O. S. 743.

stilkritisch nachzuweisen, daß durch dieses Bauwerk französische Baukunst auf die unteritalienische eingewirkt hätte, wodurch sich, falls dies zuträfe, ein Rückschluß auf die Abkunft des Philipp Chinardus ziehen ließe[1].

Die nächste Nachricht aus dem Leben Philipps stammt vom Jahre 1251; wir finden ihn unter den Männern, die an der Gesandtschaft teilnahmen, welche König Konrad auf dem Seewege entgegenfuhr; ob er damals in Pola die Schiffe verlassen hat und mit Berthold von Hohenburg dem König noch weiter auf dem Landwege entgegengereist ist, wissen wir nicht, doch möchte ich es nicht annehmen, vielmehr es für wahrscheinlicher halten, daß er den Eustasius in der Führung der Schiffe nach der Mündung des Tagliamento unterstützt hat[2]. Seine Mitnahme mag ja überhaupt hauptsächlich aus dem Grunde erfolgt sein, noch einen so sehr bewährten Mann, der mit dem Meere vertraut war, dabei zu haben, falls Eustasius aus irgendeinem Grunde ausfiele. Eine amtliche Stellung hat Philipp auch damals nicht bekleidet; nur mit seinem Namen wird er unter den Zeugen zweier im Dezember 1251 ausgestellten Urkunden aufgeführt[3].

---

[1] Bertaux hat in seinem Werke: „L'art dans l'Italie méridionale" seine Stellung zu dieser Frage gegenüber der in seinen früheren Aufsätzen vertretenen Auffassung wesentlich geändert. Er erkennt nun, daß das vergleichende Studium der Schlösser Friedrichs II. mit den Bauwerken des lateinischen Orients zu keinem endgültigen Resultat hinsichtlich eines Einflusses französischer Baukunst führt.

Hat also Bertaux schließlich von der von ihm aufgestellten These abgehen müssen, so hat doch die langdauernde Controverse das Gute gehabt, daß durch sie die Aufmerksamkeit auf Philipp Chinardus gelenkt worden ist und sein Lebenslauf in mancher Beziehung erhellt wurde.

Bertaux bringt a. a. O. als Bild 339 auf S. 701 eine Photographie des von Philipp Chinardus in Trani angelegten Werkes.

[2] Nitto de Rossi („Napoli nobilissima" 1899, Märzheft S. 43) nimmt, wie schon oben auseinandergesetzt wurde, irrtümlicherweise an, daß Philipp die Führung auf dieser Expedition gehabt habe.

[3] B. F. 4568, 4569; in einer dritten Urkunde B. F. 4567 wird ein „Filippus Zeinardus, nepos d. Petri Kalavrie" genannt, von dem Arndt mit Recht annimmt, daß er mit unserem Philipp identisch sei.

Sonst ist Philipp in der Regierungszeit Konrads IV. nicht hervorgetreten und eine Tätigkeit von ihm nicht nachweisbar. Mit dem Tode des letzten deutschen Stauferkönigs im Jahre 1254 trat auch für Chinardus wie für manche andere sizilische Große ein Umschwung seiner Stellung ein, und in den allgemeinen politischen Verhältnissen lag die Hoffnung begründet, daß der Zwist zwischen Staufern und dem päpstlichen Stuhle ein Ende haben würde. Konrad IV. hatte gehofft, daß Innocenz IV. die Nachfolge seines Sohnes, Konradins, anerkennen möchte[1]. In dieser Periode, die eine Versöhnung Manfreds mit dem Papste in Aussicht stellte, mögen eine Reihe von Großen die Bestätigung ihrer Liegenschaften von Seiten des Papstes, der auf Grund des Testaments Konrads IV. die Oberherrschaft in Sizilien beanspruchen konnte, nachgesucht haben. Ein Verlassen der staufischen Partei ist aber hieraus nicht herauszulesen; denn als sich die Verhandlungen zerschlagen und der staufisch-kirchliche Gegensatz wieder auflebt, steht Philipp Chinardus wieder treu auf Seiten Manfreds, den er ja auch durch die beim Papste nachgesuchte Bestätigung seines Besitzes nicht verlassen hatte. Als Innocenz IV. am 13. November 1254 dies Privileg ausfertigte[2], waren die Dinge inzwischen ihren Lauf gegangen, und an eine Versöhnung mit Manfred war nicht mehr zu denken; nun mag er mit dem Privileg nur beabsichtigt haben, Philipp auf seine Seite hinüberzuziehen[3], was ihm aber nicht gelungen ist und ihm im Hinblick auf die ganze Persönlichkeit Philipps auch nicht gelingen konnte, da dessen Leben ja ganz in Treue zu den Staufern verlaufen war[4].

---

[1] Zeller a. a. O. S. 94.

[2] B. F. 8874, M. G. Ep. pontificum III S. 308, Nr. 339, sowie auch „Les Regestes d'Innocent IV.", ed. Berger, Paris 1897, Bd. III, Nr. 8180.

[3] Vgl. hierzu C. Rodenberg: „Innocenz IV. und das Königreich Sizilien" (1245—1254), 1892, S. 210, Anm. 2.

[4] Die Auffassung Karst's, a. a. O. S. 76, Anm. 2, der aus dem oben genannten Privileg die Tatsache herauslesen will, daß Philipp noch im November 1254 auf Seiten des Papstes stand, ist unrichtig; das Privileg fixierte nicht im Augenblick vorhandene Zustände,

Die Urkunde bringt uns aber für das Leben Philipps doch manches Bedeutsame; denn einmal erfahren wir aus ihr, daß Philipp auch damals noch kein staatliches Amt bekleidete, sondern nur als „nobilis vir"[1] lebte, also noch nicht Admiral war, und andererseits hören wir, welchen Besitz damals Philipp hatte, worauf oben schon eingegangen wurde.

Auf Innocenz IV. war am 12. Dezember 1254 Alexander IV. auf dem päpstlichen Stuhle gefolgt; am 25. März 1255[2] richtete dieser eine Aufforderung von Neapel aus an die Anhänger Manfreds, von diesem abzufallen, widrigenfalls sie gebannt würden. In diesem Schreiben wird auch Philipp Chinardus genannt, ebenso wie sein Neffe Gazus.

Aber die Aufforderung des Papstes hat nichts genutzt, Philipp ist Manfred bis zum Tode des Königs treu geblieben.

Um diese Zeit muß nun auch der Ruf Manfreds an Philipp ergangen sein, an die Spitze der sizilischen Flotte zu treten; sein Los hatte sich mit dem des Stauferkönigs untrennbar verbunden, und mit ihm zusammen ist er im Jahre 1255 exkommuniziert worden[3].

Am 26. Mai 1256 hat Philipp bereits die Admiralswürde[4]

---

sondern ist eher als eine Lockspeise für Philipp aufzufassen. „Im Frieden vom 27. September," so sagt Rodenberg a. a. O. S. 210, „waren Manfreds Wünsche wenig berücksichtigt worden, jetzt vertrat er die politische und nationale Selbständigkeit des Königreiches und ihm schloß sich die überwiegende Mehrheit der Großen an," unter ihnen zweifellos auch Philipp, der im nächsten Jahre mit Manfred gebannt wird.

[1] Hierbei ist daran zu erinnern, daß die Bestätigungen des Papstes Innocenz IV. sämtlich nach dem gleichen Muster: „Matris ecclesiae" erfolgten. Vgl. Elie Berger: „Les Regestes d'Innocent IV." Nr. 8179, 8180, 8183, 8186, 8193.

[2] Winkelmann Acta imperii inedita Bd. II Nr. 1044; B. F. 8966.

[3] Vgl. Rodenberg a. a. O. S. 210, Anm. 2.

[4] Dies ergibt sich aus der von Morea a. a. O. auf S. 361 unter Nr. 188 veröffentlichten Urkunde. Vgl. auch dazu Codice Barese I, S. XVI, Anm. 1. In seinem schon oben zitierten Aufsatz: „Una risposta ad Emilio Bertaux" („Napoli nobilissima" 1898, Heft 9, S. 142) stellt zwar Nitto de Rossi im Anschluß an die oben zitierte

und den Titel: „tocius Regni iherusalem sicilie egregius amiratus"[1] innegehabt.

In der Regel aber wurde er nur als „amiratus": „Admiral" bezeichnet, wie auch Karl nach seinem Tode von ihm als dem spricht, „der sich für des Königreichs Admiral hielt"[2].

Hier muß die Frage erörtert werden, warum Manfreds Wahl gerade auf Philipp Chinardus fiel.

Zunächst kann man daran denken, daß Philipp ja ein gewandter, viel erfahrener Mann war, der in der Provinz Bari eins der größten Lehnsgüter besaß und dessen Treue gegen die Staufer in vielen Jahrzehnten erprobt war.

Urkunde des von Morea herausgegebenen Chartularium Cupersanense fest, daß Philipp im Jahre 1256 zum Admiral ernannt worden ist, aber er läßt diese Ernennung von Konrad IV. vollzogen werden, den er einmal fälschlicherweise Kaiser nennt, was er nie gewesen ist, und der schon 1254 gestorben ist, also diese Ernennung nicht 1256 vollzogen haben kann. Vielmehr ist sie von Manfred vielleicht im Namen Konradins ausgesprochen worden. Die Ernennungsurkunde selbst ist nicht erhalten. Der Admiral Konrads IV. war bis zu dessen Tode Ansald de Mari.

[1] Sowohl Codice Barese I., S. XVI, Anm. 1, wie auch in der schon mehrfach zitierten Schrift Nitto de Rossi's in „Napoli nobilissima" Jahrg. 1899, Märzheft S. 43, wird der Amtstitel des Philipp mit „Tocius regni Jerusalem et Sicilie egregi ammirator" angegeben, eine unmöglich erscheinende und auf einem Mißverständnis einer Stelle in der von Morea abgedruckten Urkunde beruhende Bildung. Die Stelle lautet vollständig: „Nos Christofalus terrarum domini nostri philippi chinardi tocius Regni iherusalem sicilie egregii ammirati"; bildet man zu der hier angeführten genetivischen Wendung nun den Nominativ, so kann dieser nur „egregius ammiratus", niemals aber „egregi(i) ammirator" heißen, wie das Nitto de Rossi will; falsch ist auch dessen Behauptung, daß er schon 1255 Admiral war. Die in Frage kommende, oben zitierte Urkunde bei Morea stammt erst aus dem Jahre 1256; es ist ja nicht ausgeschlossen, daß Manfred die Ernennung schon im Jahre 1255 vollzogen hat, aber wir wissen nach dem Stande unserer Überlieferung nichts davon. Daher kann man dies auch nicht schlechthin behaupten, wie es Nitto de Rossi tut.

[2] „Qui se pro predicti Regni Ammirato gerebat" (Del Giudice, Codice Bd. II, S. 37 und Bd. I, S. 309).

Reicht das aber aus, um die Tatsache zu erklären, daß gerade er Admiral wurde? Denn es hatte sich seit langer Zeit die Sitte eingebürgert, daß nur Genuesen zu diesem Amte berufen wurden, und es müssen gewichtige Gründe vorgelegen haben, um Manfred von diesem bewährten Wege abzuhalten. Worin aber lagen diese? Denken wir daran, daß die Staufer um diese Zeit durch Manfreds Ehe mit Helene Beziehungen zum östlichen Mittelmeer angeknüpft haben und daß diese Frau ihrem Gatten einen reichen an der See belegenen Besitz mit in die Ehe brachte. Um diesen Besitz aber zu sichern und um ihn organisch mit seinem Königreiche zu verbinden, brauchte Manfred einen bewährten Mann, der selbst aus dem östlichen Mittelmeere stammte, womöglich durch Abkunft und Sprache besonders geeignet war, hier die eben angeknüpften Beziehungen fester zu gestalten.

Mußte er dann nicht in erster Reihe an Philipp denken der als Cyprier hier in Korfu auf verwandte Verhältnisse traf? Gerade der Gesichtspunkt, daß der Schwerpunkt seiner auswärtigen Politik sich um diese Zeit nach dem Osten verlegte, mußte ihn daran denken lassen, daß nur Philipp Chinardus für dieses Amt in Betracht kam.

Durchdenken wir diese Dinge von diesem Gesichtspunkt aus, so scheint auch auf die viel umstrittene Frage der Abstammung des Philipp Chinardus neues Licht zu fallen. Ob Philipp nun wirklich französisches Blut in seinen Adern hatte oder vielleicht sogar in Frankreich geboren war, er galt dem staufischen Herrscher unbedingt als Cyprier, womöglich als Grieche, denn die für sein Werden entscheidenden Jahre hatte er in Cypern verlebt.

Schon im Jahre 1257 mag er für Manfred Unternehmungen im Adriatischen Meere ausgeführt und das Heiratsgut der Königin Helene, Durazzo, Berat und wohl auch Korfu in Besitz genommen haben[1].

---

[1] Vgl. hierzu Arndt a. a. O. S. 18, Regestenanhang Nr. 6, sowie Nr. 76.

Verbürgt ist seine Teilnahme an dieser Expedition nicht, wenn sie auch sehr wahrscheinlich ist, da er bald darauf Generalkapitän dieser Insel wurde.

In der Ausübung seines Amtes ist er jedoch erst im Jahre 1258 nachzuweisen, als er die oben geschilderte Expedition nach Edessa führte[1]. Seine Stellung in diesen Teilen des Ionischen Meeres muß sich bald sehr befestigt haben. Griechische Quellen nennen ihn „einen sehr mächtigen Mann"[2]. Unter dem Titel „Admiral des Königs von Sizilien" herrschte er hier wie ein Souverän. Auch Lehnsverleihungen hat er unter diesem Titel selbständig vorgenommen[3].

Daß Philipp gleichfalls der seemännische Leiter der Expedition gewesen ist, die im Jahre 1265 die Überfahrt Karls nach Rom hindern sollte, ist zweifellos[4]. Gerade daß die Quellen seinen Namen nicht nennen und Saba Malaspina nur von dem „Admiratus regis Sicilie" spricht, deutet mit unbedingter Gewißheit auf Philipp, der ja damals dieser Admiral war; eine Teilung dieses Amtes hat es im Königreich niemals gegeben, und wäre etwa Philipp nur Großadmiral in den Meeren der Levante gewesen, wie das Nitto de Rossi will[5], dann hätte Malaspina nicht nur schlechthin von dem „Admiratus" gesprochen, sondern ihn näher bezeichnet.

Philipps persönlichen Anteil an dem Aufbau des Planes vom Jahre 1265, dessen Ausführung wir ja bei der Darstellung der äußeren Geschichte geschildert haben, herauszuarbeiten, ist bei dem Stande unserer Überlieferung nicht möglich, da wir

---

[1] S. oben S. 23.

[2] Pachymeres, Liber VI, Caput 32.

[3] Del Giudice: Famiglia di re Manfredi S. 108 Anm. 3. Vgl. auch Nitto de Rossi: „Napoli nobilissima" 1899, Märzheft S. 43. Derartige Verleihungen werden von Del Giudice: Codice Bd. I, S. 308 und 309, in den Anmerkungen abgedruckt.

[4] Vgl. hierzu die Auseinandersetzung bei Arndt a. a. O. S. 75.

[5] „Napoli nobilissima" 1899, Märzheft S. 41. So mußte die Studie Nitto de Rossi's auch unvollständig bleiben, da dieser auf die gesamte Tätigkeit Philipps im Tyrrhenischen Meere gar nicht eingeht.

nicht wissen, inwieweit hier Manfreds eigene Ideen verwirklicht
worden sind. Sicherlich hat Philipp auch hier sein bestes Können
in den Dienst seines Herrn gestellt, und jeder Zweifel an
seiner Treue, wie er etwa von Manfroni geäußert worden ist, ist
unbegründet. Daß der Erfolg nicht auf seiner Seite war, kann
an der Beurteilung seiner Motive nichts ändern.

Besser als alles andere spricht für seine Treue die Tatsache,
daß Clemens IV. ihn auch nach seinem Tode mit Haß verfolgte.
Von den Söhnen Philipps gegen den Mörder des Vaters, Michael II.
von Epirus, zu Hilfe gerufen, wollte sich der neue König Karl
für sie beim Papste einsetzen[1], als dieser ihm in einem höchst
ungehaltenen Briefe einen abschlägigen Bescheid zuteil werden
ließ. Er spricht von Philipp Chinardus als dem „Excommunica-
tissimus", dessen Söhnen man auch nicht helfen dürfte, wie ver-
haßt auch immer die Griechen seien[2]. Wie hätte der Papst am
1. Oktober 1266 so schreiben können, wenn er gewußt hätte, daß
Philipp dem Manfred nicht bis zuletzt treu geblieben wäre? Der
Gedanke an eine Untreue des Admirals muß bei der Beurteilung
seines Verhaltens im Jahre 1265 völlig beiseite gelassen werden.
Daß seine Maßregel maritim doch wohl nicht auf der Höhe stand,
mag man damit erklären, daß er selbst nun schon ein alter Herr
geworden war oder daß er eben die Flottenführung im großen
Stile nicht recht verstand und sein Gegner Wilhelm Carnutus
ihm doch darin überlegen war. Aber auch daran ist vor allem
zu denken, daß die Ungunst des Wetters die Durchführung eines
Planes, der an sich möglich war, verhinderte, wenn man allerdings
einschränkend sagen muß, daß der weitausschauende Flottenführer
diese Dinge hätte mit in Rechnung stellen müssen.

So wird das Urteil über seine Flottenführung kein sehr
günstiges sein können; er tritt in dieser Beziehung weit hinter
seinem Amtsvorgänger Ansaldus de Mari zurück, den wir als
einen Admiral großen Stiles bezeichnen durften, aber der Charakter
Philipps steht makellos da.

---

[1] Vgl. Schirrmacher: Die letzten Hohenstaufen S. 300 und
Anm. 2.

[2] B. F. 9731, Martène S. 409, Nr. 382.

Die Nachricht von der Niederlage und dem Tode Manfreds bei Benevent im Jahre 1266 mag den Admiral bei Manfredonia oder Trani erreicht haben [1]. Hier hatte er wohl alle Vorbereitungen getroffen, um den König samt seiner Familie nebst seinen eigenen Angehörigen nach dem Orient überzusetzen. Denn der König hatte die Absicht gehabt, falls er besiegt wäre, sich dorthin zurückzuziehen. In diesen östlichen Besitzungen in Korfu [2] und in Epirus war ja Philipp Generalkapitän des Königs. Da nun auch die Witwe Manfreds und seine Kinder in die Hand des Feindes gefallen waren, die Partei der Staufer völlig am Boden lag, so war Philipp aller Verpflichtungen ledig. Seinen Plan, so schnell wie möglich nach Korfu überzufahren, hielt er fest; auch ist es begreiflich, daß er selbst nun daran dachte, sich zum souveränen Herrn der Insel Korfu und des ganzen Gebietes zu machen, das die Königin Helene ihrem Gemahl Manfred mit in die Ehe gebracht hat, zumal ihn bald auch verwandtschaftliche

---

[1] Vgl. dafür und für das Folgende: Del Giudice: „La famiglia di Re Manfredi" S. 91 ff. (Archivio storico Napoletano Bd. 4 S. 77), welche Arbeit erst Licht in die schwer zu erforschenden östlichen Beziehungen des Königreiches gebracht hat. Vgl. auch Codice Barese I, S. XVI, Anm. 1.

[2] Vgl. hierzu: Marino Sanudo Torsello S. 106: „Al Re Manfredi di Puglia e Sicilia, a cui avea dato in dote Durazzo et la Vallona e Corfu, el qual Corfu Manfredi diede a Miser Filippo Zonardo suo Ammiraglio, ch'era nativo di Cipri."

In den Registern Karls I. finden wir später noch oft eine Erinnerung an diese Herrschaftsepoche des Philipp Chinardus, von dem es einmal heißt, daß er das Land und die Gehöfte von Durazzo in Besitz hatte (Reg. 1278 Fol. 233 t. 236), abgedruckt bei Minieri Riccio: Della dominazione Angioina nel reame di Sicilia S. 4. Ein anderes Mal beauftragt Karl seinen Magister Massarius auf der Insel Korfu damit, festzustellen, wie es zu Zeiten des Philipp Chinardus mit der Reparatur von Schiffen gehalten wurde. (In genannter Schrift von Minieri Riccio auf S. 4 aufgeführt.)

Im Jahre 1278 werden sämtliche Kastelle und Ländereien auf der Insel Korfu, die Manfred und Philipp Chinardus innehatten, dem Kapitän und Generalvikar Karls auf dieser Insel, Jordanus de St. Felice, überwiesen. (Reg. 1278 fol. 29 t.; in dem soeben genannten Werke von Minieri Riccio auszugsweise auf S. 17 abgedruckt.)

Bande mit der Königin verknüpften, die die Nichte seiner zweiten Frau Maria Petralipha gewesen ist; er hatte nach Vollzug dieser Ehe ein gewisses Recht, sich hier als Nachfolger seines angeheirateten Neffen König Manfreds zu fühlen.

Hier stießen die Interessen Philipps mit denen des damaligen Herrn von Arta, Michael II. von Epirus, zusammen, der auch seinerseits daran dachte, und wie Del Giudice[1] meint, mit besserem Recht, dieses Gebiet zu besetzen, um es später seiner Tochter, der Königin Helena, und deren Kindern wiederzugeben[2]. Philipp hatte in diesem Streit wohl den Standpunkt, daß er als Generalkapitän staatsrechtlich der Nachfolger seines gefallenen Königs in dessen östlichen Besitzungen sei, während Michael die privatrechtliche Erbfolge vertrat, die ihn zum Schützer der Rechte seiner Tochter und seiner Enkelkinder machte.

In diesen Kämpfen blieb Korfu Philipp Chinardus unterworfen, während sich Michael in den Seestädten wie Avallona und Butronto festsetzen konnte.

Ob damals die Korfioten die Herrschaft Philipps als Fremdherrschaft empfunden haben, wissen wir nicht, ist aber der Abkunft des Philipp Chinardus nach nicht anzunehmen. So ist der Aufstand, der in Korfu ausbrach, wohl in erster Reihe Michael zur Last zu legen. Im Verlauf dieses Aufstandes ist Philipp Chinardus grausam getötet worden[3]. Diese Ermordung scheint die Folge eines Ränkespiels gewesen zu sein, wenn wir unserer Hauptquelle in diesen Dingen — Pachymeres — glauben wollen, und da dies für die ganze Beurteilung Philipps von nicht geringer Bedeutung ist, so müssen wir uns näher mit dieser Quelle beschäftigen. Philipp $A\mu\eta\rho\alpha\lambda\tilde{\eta}\varsigma$[4] muß wohl mit einer

---

[1] Famiglia di re Manfredi S. 92.

[2] Vgl. zum Schicksal des vielumstrittenen Heiratsgutes der Königin Helene vor allem den Exkurs XI bei Del Giudice: La famiglia di re Manfredi S. LXXI ff., der hier das in Frage kommende Urkundenmaterial zusammenstellt.

[3] Vgl. zu diesen Ereignissen auch Minieri Riccio: „Il regno di Carlo primo di Angio negli anni 1271 e 1272", S. 35 Anm. b.

[4] So nennt ihn Pachymeres.

beträchtlichen Macht und wohl auch mit einem ansehnlichen Teil
der Flotte nach Korfu gekommen sein, denn Michael fürchtete
sich vor ihm, deshalb soll er ihm die Schwester seiner eigenen
Gattin, die oben genannte Maria Petralipha in die Ehe gegeben
haben. Als Mitgift aber erhielt Philipp Canina und Korfu, das
Michael bei dieser Gelegenheit dem neuen Verwandten abtrat[1].
So ist Philipp ein sehr mächtiger Mann geworden[2], der auch in
dieser neuen Stellung den Titel eines Admirals „Ἀμηραλῆς" noch
beibehielt. Als Philipp von Michael so für sich unschädlich gemacht wurde, er aber nun selbst gern wieder in den Besitz des
abgetretenen Gebietes kommen wollte, ließ er ihn ermorden, eine
Tat, die zwar Philipp selbst aus dem Wege schaffte, aber die
Italiener, die mit ihm gekommen waren, in das Lager ihres ärgsten
Feindes, Karls I., nunmehr Königs von Sizilien, trieb.

Schon war der Anjou geneigt, sich für die Söhne (erster
Ehe) des schmählich gemordeten Philipps einzusetzen, als der
Papst dieser Absicht entgegentrat, weil in ihm der Haß gegen
den toten Admiral, einen der getreuesten Anhänger des gefallenen
Königs Manfred, alles andere in den Schatten treten ließ. Daß
der Tod Philipps schon vor dem 15. Dezember 1266 erfolgt sein
muß[3], da er um diese Zeit als verstorben bezeichnet wird, wurde
bisher angenommen. Ich möchte weiter gehen und seinen Tod
schon geraume Zeit vor dem 1. Oktober 1266 erfolgt sein lassen,
denn an diesem Tage schlägt Clemenz IV. dem König Karl seine
Bitte um Nachlaß der Exkommunikation für die Söhne Philipps

---

[1] Als Herr von Korfu hat Philipp auch eine Reihe von Schen-
kungen und Vergebungen vorgenommen. Vgl. hierzu del Giudice:
Codice Bd. I, S. 308 und 309.

[2] Georgius Pachymeres, herausgegeben von Niebuhr im „Corpus
Scriptorum historiae Byzantinae". auf dessen Mitteilung im wesentlichen die folgende Darstellung ruht, spricht von den Besitzungen
des Philipp als den τοῦ Φιλίππου ἀμηραλῆ ἀνδρὸς δυναμένου πλεῖστα (S. 508,
lib. VI, cap. 32).

[3] Minieri Riccio: Alcuni fatti S. 20 nennt ihn „Echinard", was
eine neue Variante seines Namens bedeutet, der sich schon mannig-
fache Umbildungen hat gefallen lassen müssen.

ab[1]; Karl hat sich aber erst ihretwegen an den Papst gewandt, als sie seine Hilfe in Anspruch genommen hatten, und diese wiederum hatten sie erst angerufen, als ihr Vater auf Veranlassung Michaels ermordet worden war. Mit dem Absenden der Boten, deren Reisen usw., dem Gesuch des Königs Karl an den Papst usw. ist sicher aber viel Zeit vergangen, so daß wir mindestens zum 1. September als spätesten Todestag Philipps gelangen.

Aus der merkwürdigen Situation, in der sich die Hinterbliebenen Philipps[2] nach dessen Tode befanden, daß sie zu ihrem Feinde Karl ihre Zuflucht nehmen mußten, um Michael entgegentreten zu können, hat sich naturgemäß eine Annäherung an Karl ergeben, und aus dieser ist es zu erkiären, daß Karl später den Gazus Chinardus zum Generalkapitän von Korfu ernannte[3]. „Karl heuchelte mit seiner gewohnten Schlauheit zuerst Freundschaft und Gunst der Nachkommenschaft des Chinardus gegenüber und gegen Alamannus und mußte sich gänzlich auf diese verlassen, um die Insel zu befrieden und sie zum Gehorsam zu bringen"[4]. Bei dieser Gelegenheit gab er auch seinem Abscheu vor den

---

[1] B. F. 9731; daran denkt auch Nitto de Rossi: „Napoli nobilissima" a. a. O. S. 44 nicht, der den Tod Philipps ebenfalls für den Dezember 1266 annimmt.

[2] Wichtig für die Situation Philipps in Korfu ist auch das Excerpt Huillards aus einem Briefe des Kaisers Balduin von Konstantinopel vom 27. April 1267 (B. F. 14 346). Balduin, Kaiser von Konstantinopel, schenkt unter anderem an Karl von Anjou: „Totam terram, quam Michalicius despotus dotis seu quocumque alio titulo dedit, tradidit, et concessit Elene filie sue, relicte quondam Manfridi olim principis Tarentini, et quam idem Manfridus et quondam Philippus Chinardus, qui se pro predicti regni (Sicilie) ammirato gerebat, dum viverent, tenuerunt."

[3] Urkunde vom 16. Januar 1267, abgedruckt bei Del Giudice: Codice diplomatico del regno di Carlo I., S. 278; B. F. 14 324; die Urkunde wird auch erwähnt bei Minieri Riccio: Alcuni fatti S. 21 Nr. 77.

Aus dieser Urkunde einen Zweifel an der Treue Philipps Manfred gegenüber im Jahre 1265 herleiten zu wollen, wie dies Manfroni II S. 34 tut, ist sowohl methodisch wie inhaltlich verfehlt.

[4] So Del Giudice Famiglia S. LXXIII.

Mördern des Philipp Chinardus Ausdruck, indem er diese von der Heimbeförderung ausschloß [1].

Doch daß Karl niemals ernstlich daran gedacht hat, sich für die Kinder des ermordeten Philipp einzusetzen, beleuchtet sein ganzes weiteres Verhalten; aus ihm geht auch mit völliger Klarheit hervor, daß er den toten Admiral über sein Grab hinaus mit unauslöschlichem Haß verfolgte.

So kann man nicht davon sprechen, daß jener Gazus Chinardus, als er sich zum Vikar von Korfu ernennen ließ, einen Abfall verübt hat [2]. Ob dieser Gazus überhaupt ein Sohn Philipps gewesen ist, ist zweifelhaft [3]. Er war wohl eher sein Neffe [4].

---

[1] „Illis exceptis, qui interfuerunt neci quondam Philippi Chinardi" (Arch. stor. nap. 4 S. 85, Anm. — Del Giudice: Famiglia S. 100 Anm. und Del Giudice, Codice Bd. I, Nr. 111 S. 308.)

[2] Vgl. hierzu Arndt a. a. O. S. 77.

[3] Vgl. für die späteren Mitglieder der Familie Chinardus: Del Giudice: La Famiglia di re Manfredi S. 110 ff.

[4] Darauf weist Arndt a. a. O. S. 77 mit Recht hin, wobei sie sich auf den Regestenanhang Nr. 78 ihres Werkes (nicht 79, wie sie fälschlich schreibt) stützt und hierbei eine Urkunde Karls vom 14. Mai 1266 anführt, die von einem Neffen des Philipp Chinardus, Gazus mit Namen, spricht (Documenti per servire alla storia di Sicilia Band XIX, 1902, C. A. Garufi: Catalogo illustrato del Tabulario di Santa Maria Nuova in Monreale S. 174). Auch Del Giudice: Famiglia S. 111 hält den Gazus für einen Neffen oder Sohn Philipps.

Gazus Chinardus wird in den Registern Karls des öfteren erwähnt. So zog Karl im Jahre 1278 bei ihm Erkundigungen ein über Verhältnisse, wie sie zu Zeiten des Philipp Chinardus in Durazzo bestanden haben. Siehe den diesbetreffenden Auszug bei Camillo Minieri Riccio: „Della dominazione Angioina nel reame di Sicilia" S. 4. Gazus wird ferner erwähnt in einer Verfügung des Fürsten Karl, „Vikar im Königreich für den König, seinen Vater", vom 7. April 1272 (Minieri Riccio: „Il Regno di Carlo I. di Angio" S. 57.) In diesen Tagen ist Gazus wohl auch in den albanischen Angelegenheiten in Italien gewesen. Am 18. April wird gemeldet, daß der Transport bereit stehe, der ihn nach der Balkanhalbinsel bringen solle. Vgl. die zuletzt angeführte Schrift von Minieri Riccio S. 58.

Am 18. Mai 1273 wurde Gazus Chinardus im Vikariat des Königreichs Albanien ersetzt durch Anselinus de Caen (vgl. die eben angeführte Schrift von Minieri Riccio S. 5, sowie del Giudice: Famiglia S. XCI).

Daß sich an der Gesinnung König Karls gegen den verstorbenen Philipp selbst nichts geändert hat und er in ihm nach wie vor den Feind sah, geht aus dem Mandat hervor, das er am 29. Januar 1270 an die Justitiare richtete und in dem er ihnen befiehlt, eine Erhebung über die beweglichen und unbeweglichen Güter gewisser Verräter und ihren Jahresertrag zu veranstalten. Unter diesen Verrätern wird ausdrücklich Philipp Chinardus[1] genannt, der beste Beweis dafür, daß dieser dem Stauferkönig bis zu seinem Tode treu geblieben ist. Auch wanderten später nachdem sich Karl in den Besitz der wertvollen umstrittenen Ländereien gesetzt hatte, die Söhne Philipps in den Kerker; wir finden sie im Jahre 1272 im Schlosse von Trani gefangen wieder[2]. Er gibt ausdrücklich Befehl, sie sorgfältig zu bewachen; denn Karl hatte ein besonderes Interesse daran, sie im Turme von Trani festzuhalten, um sich selbst dadurch ungestörter in den Besitz der Güter des Philipp Chinardus sowohl jenseits des Ionischen Meeres[3] als auch in der Terra von Bari[4] setzen zu

---

[1] B. F. 14 499.

[2] Arch. nap. Bd. IV, S. 346 Nr. 7 und Del Giudice, Codice Bd. I, S. 309 Anm. Die Darstellung der Schicksale der Nachkommen des Philipp Chinardus würde eine besonders dankenswerte Aufgabe sein, die uns aber hier von unserem Thema zu weit abführen möchte. Vgl. hierzu Codice Barese I, S. XVI.

[3] Von den Besitzungen des Chinardus auf Korfu ist später noch mehrfach die Rede, so in dem im Arch. stor. nap. X, S. 361 abgedruckten Diplom Karls vom 10. April 1279.

[4] Vgl. hierzu die Verfügung des Pandolf von Fasanella, Justitiars der Terra di Bari unter Karl I., welcher auf Befehl des Königs noch mehrfach die Rede, so in dem im Arch. stor. nap. X, S. 361 Besitz nimmt. Minieri Riccio setzt diese Verfügung, von der Tag und Monat nicht bekannt ist, zu Ende des Jahres 1266 an. Es geht aus ihr die wesentliche Tatsache hervor, daß Karl fast unmittelbar nach dem Tode Philipps und sicher sofort, nachdem er von ihm erfahren hatte, sich in den Besitz seiner umfangreichen Liegenschaften in der Landschaft von Bari setzte. Vgl. hierzu Minieri Riccio: Alcuni fatti S. 20, Nr. 68. Sein Tod kam ihm wohl gelegen. Über die Rechte des Hinterbliebenen des Verstorbenen, der für ihn ein Hochverräter war, ging er skrupellos hinweg. In einer Verfügung Karls aus dem Jahre 1271 wird noch einmal des Besitzes Philipps in der Provinz Bari Er-

können; den Haß gegen den toten Gegner bewahrte er so weiter
über das Grab hinaus, alle scheinbare Anteilnahme an seinem
plötzlichen tragischen Ende war nur Heuchelei gewesen. Damit
aber wird uns aufs neue klar, welche Rolle Philipp Chinardus
während der Regierungszeit Manfreds als Admiral der sizilischen
Flotte gespielt hatte, wenn ihn der neue Herrscher mit solchem
Haß bis weit über den Tod verfolgte.

---

wähnung getan, in derselben Verfügung, in der der König den Erben
Philipps großmütig gestattete, auf dem Gebiet von Valona ein festes
Haus zu erbauen, in dem sie wohnen konnten. Dies war dann offenbar
der letzte Rest der großen Besitzung, der der Familie des letzten
staufischen Admirals erhalten blieb. (Register 1271 A. fol. 13 t., abgedruckt bei Minieri Riccio: Della dominazione Angiona S. 12.)

2. Kapitel.

Das Amt des Magister Prothontinus.

Zwischen dem Großadmiral und den ihm nachgeordneten Offizieren stand nicht, wie wir dies aus modernen Marinen gewohnt sind, ein Admiralstab, der den Führer in der Leitung unterstützte; dazu waren die nautischen Verhältnisse zu einfach und die Technik der Seeschlacht noch zu wenig entwickelt[1].

Auch das Amt eines Vizeadmirals[2] war in der Organisation der sizilischen Flotte zu Zeiten Konrads und Manfreds nicht vorgesehen, es ist erst viel später geschaffen worden; doch mag eine ähnliche Befugnis zu Zeiten Konrads IV. der „Magister Prothontinus von Sizilien und Kalabrien"[3] gehabt haben, dies Amt geben wir am besten mit „Oberbefehlshaber der in diesen Provinzen gelegenen Marinestationen" wieder. Es scheint, daß diese Behörde besonders von Konrad IV. eingeführt worden ist, einmal um den Eustasius, der ihn treu überdas Adriatische Meer nach Siponto gebracht hatte, zu belohnen, dann aber auch, weil durch die ständige Abwesenheit des Reichsadmirals vom Königreich eine Zentralstelle für den Oberbefehl zur See geschaffen werden mußte. So mag Eustasius[4] während der Regierung Konrads IV.

---

[1] Manfroni: Cenni, S. 457, weist ausdrücklich darauf hin.

[2] Solange Ansald de Mari Admiral war, nahm wohl sein Sohn Andreolus eine derartige Stelle ein, ohne deren Titel; im allgemeinen finden wir ähnliche Bezeichnungen in dem von uns zu behandelnden Zeitraum nur in den oberitalienischen Marinen.

[3] Manfroni: Cenni, S. 460, scheidet nicht scharf genug zwischen dem „Magister Prothontinus" und dem „Prothontinus".

[4] Mit Ausnahme der unten erwähnten Urkunden finden wir ihn merkwürdigerweise sonst nirgends genannt.

und vielleicht bis zur Ernennung von Philipp Chinardus unter
diesem Titel eines Magister Prothontinus in Wahrheit an der
Spitze der sizilischen Flotte gestanden haben. In dieser Eigenschaft hat er wahrscheinlich auch die Belagerung Neapels von
der Seeseite her geleitet[1]. Nicht allzu lange nachher muß er
wohl gestorben sein, denn wir hören nichts mehr von ihm; auch
wäre er wohl der nächste gewesen, wenn er damals noch gelebt
hätte, um an Stelle des Philipp Chinardus das Amt eines Admirals
zu erhalten.

Aus seinem Leben wissen wir[2], daß er aus Messina stammte,
Sohn eines gewissen Philipp und von griechischer Abkunft war.
Schon die Vorfahren dieses Eustasius haben den Ahnen Konrads IV. treue Dienste geleistet, und Eustasius selbst hat dann
diese Treue sowohl zu Lebzeiten Friedrichs II. als hauptsächlich
zur Zeit Konrads bewährt, vor allem dadurch, daß er die Flotte,
die Konrad von Oberitalien abholte, umsichtig geführt hat. Sein
persönliches Verhältnis zu Konrad IV. muß stets ein gutes gewesen sein, denn während der Belagerung von Neapel bestätigt
er dem Eustasius seine im Tenimentum Briatico gelegenen Lehnsgüter, nämlich Bevito, Terragusta und Luci, die diesem von
Petrus Ruffus von Kalabrien, Grafen von Catanzaro und Marschall
von Sizilien, angewiesen worden waren[1].

Daß diese Bestätigung gerade damals erfolgte, ist ein Beweis dafür, daß der König mit der Tätigkeit des Eustasius in
der Führung der Seestreitkräfte zufrieden war und diesem äußeren

---

[1] Vgl. Zeller, a. a. O. S. 75, Anm. 2, auf Grund der von P. Kehr
in der „römischen Quartalsschrift" Bd. 16, S. 421, im Jahre 1902 veröffentlichten Urkunde.

[2] Die Quelle dafür ist das von Paul Scheffer-Boichorst in den
„Urkunden und Forschungen zu den Regesten der staufischen Periode,
2. F." (n. Arch. d. Ges. f. ält. dtsch. Gesch.-Kunde, 27. Bd., 1902, S. 99)
veröffentlichte Diplom.

[3] Die von Kehr a. a. O. publizierte, schon mehrfach zitierte
Urkunde nennt den Eustasius hier Astasius. Doch ist es selbstverständlich derselbe Mann, was schon aus Amt, Vatersname und Herkunft hervorgeht. Welches die richtige Namensform gewesen ist, vermögen wir nicht zu sagen.

Ausdruck geben wollte. Auch mag Eustasius wohl die gute Gelegenheit benutzt haben, um seine Angelegenheit persönlich vor-
zutragen, denn so ist sicherlich die Wendung „fidelis noster nostro
culmini supplicavit" aufzufassen. Es ist zu bedauern, daß wir
sonst nichts von diesem interessanten Manne wissen, der sicher
auch schon zu Lebzeiten Friedrichs in der Flottenführung eine
Rolle gespielt haben mag.

3. Kapitel.

Die Seeoffiziersklasse der Prothontini.

Die unmittelbar hinter dem Magister Prothontinus folgende Offiziersklasse ist die der Prothontini. Da wir allen Grund anzunehmen haben, daß Konrad und Manfred die alte bewährte Flottenordnung ihres Vaters festhielten, so ist die Ansicht abzulehnen, daß diese Beamten von dem Bezirke, in dem sie amtierten, gewählt wurden[1]. Vielmehr hatte schon Friedrich II. in einem Brief vom 23. Januar 1240 dem Admiral ausdrücklich zugestanden, daß er, der Admiral, auch die Prothontini einsetzen darf. Wir können die Prothontini als die Befehlshaber der einzelnen Marinestationen ansprechen[2]. Von diesen Offizieren aus der Zeit

---

[1] Die Ansicht von ihrer Wählbarkeit vertritt Manfroni: Storia della marina, Bd. I, S. 462, doch treffen seine Darlegungen für die Zeit vor Friedrich II. zu. Friedrich hat die Wählbarkeit, falls sie zu Beginn seiner Regierung etwa noch bestanden hat, abgeschafft, um die Stellung seines Admirals zu befestigen. Arndt, a. a. O. S. 120, Anm. 46, hat wohl auch nicht die Verhältnisse unter Friedrich II. im Auge gehabt, die für die Zeit Konrads und Manfreds unbedingt maßgebend sind. Vgl. hierzu W. Cohn: Organisation und Verwaltung der Flotte Friedrichs II. (Zeitschrift „Überall", Dezember-Heft 1918, S. 230, besonders Anm. 108 und 109.)

[2] So Arndt, a. a. O. S. 14; vgl. Mineri Riccio: Itinerario S. 22; ferner Manfroni: Cenni, S. 460, der diese „commandanti d'una divisione regionale" nennt, d. h. Befehlshaber von allen Galeeren, die zu einem der Seedistrikte gehörten, in die das Königreich eingeteilt war. Ob es sich bei diesen Offizieren nur um ein Landkommando handelte, oder ob sie auch ein Bordkommando hatten, läßt sich nicht feststellen; ic möchte aber doch auch das letztere annehmen und meinen, daß sie im Gefecht eine Gruppe von Galeeren führten und die Zwischeninstanz bildeten zwischen Admiral und Comitus.

Manfreds ist noch einmal in einer Urkunde die Rede Karls, in der dieser bei jenen und anderen Flottenbeamten und Offizieren Erkundigungen über die Waffen und anderen Gegenstände einziehen läßt, die sich auf den Galeeren zur Zeit Manfreds befunden haben[1]. Auch hören wir von dem Prothontinus von Trani aus der Zeit Manfreds, den König Karl im Jahre 1279 vernehmen ließ, in der Angelegenheit der abhanden gekommenen Kette von dem Hafen von Trani[2].

Das Amt des Prothontinus ist ein spezifisch sizilisch-unteritalienisches; in der Zeit des Kampfes zwischen Genua und Friedrich II. mag der Name auch in Genua bekannt geworden sein[3].

Auch die Soldzahlungen an die Bemannungen der Schiffe waren Sache des Prothontinus, dem hierzu von dem Secretus die nötigen Gelder überwiesen wurden[4].

---

[1] Vgl. Del Giudice: Cose marittime Urk. II.

[2] Arch. nap. Bd. 4, S. 350, Urk. XII.

[3] Vgl. hierzu Manfroni: Cenni, S. 461, vor allem aber zu diesem Amt Del Giudice: Codice Bd. I, S. 228, Anm. 1. Das Amt wurde auch von Karl I. beibehalten, der schon am 11. Dezember 1266 die Ernennung eines Prothontinus für Brindisi vollzieht (Del Giudice, Codice Bd. I, S. 227, Nr. 69).

[4] Wir können hier ausnahmsweise auf eine Verfügung Karls vom 4. Juni 1268 Bezug nehmen, in der dieser sich auf Verhältnisse unter Friedrich II. beruft, die dann natürlich auch während Konrads und Manfreds Regierung bestanden haben (Del Giudice, Bd. II, S. 154, Nr. 49).

4. Kapitel.
Die übrigen Seeoffiziere.
a) Comiti.

Die Kapitäne der größeren Fahrzeuge führten den Titel: „Comitus". An anderer Stelle ist gezeigt worden, wie Friedrich stets bemüht gewesen ist, die Reste von Feudalherrschaft, die in der Stellung der Galeeren-Grafen noch vorhanden waren, zu beseitigen[1]; wir können annehmen, daß zur Zeit Konrads IV. und Manfreds nur noch verschwindend wenige Galeeren-Grafen vorhanden waren, die aus erb- oder lehnsrechtlichen Gründen diese Würde inne hatten. Die meisten waren um diese Zeit auf Grund ihrer Leistungen eingesetzte Offiziere. Zwei Namen derartiger „Comiti", die allerdings nicht an der Spitze von Galeeren, sondern von Galionen gestanden haben, waren: Jerusalem de Monaca aus Messina und Johannes Pipero aus Barletta[2].

Über die Besoldung, die diese Comiti erhielten, liegen uns aus unserer Periode keine näheren Mitteilungen vor. Manfroni[3] stellt auf Grund von Mitteilungen des Marino Sanudo Torsello für das 14. Jahrhundert Berechnungen an, die ergeben, daß ein „Comitus" etwa 84 italienische Lire nach heutigem Gelde erhalten haben mag[4].

Auch der Comitus hat neben seinem Hochseekommando sicher noch ein Stationskommando gehabt, in dem er dem Prothontinus untergeordnet war, der seinerseits wieder eine größere Gruppe von derartigen Flottenstationen unter seinem Kommando vereinigte. Derart ge Flottenstationen, in denen das „officium Comitarie" ausgeübt wurde, sind uns aus dem Jahre 1267 bekannt. Es ist wohl anzunehmen, daß Karl I. auch in diesem

---

[1] Cohn, Organis. S. 231.

[2] Rechnungslegung des Riso de Marra, S. 181.

[3] Manfroni: Cenni, S. 450.

[4] Vgl. zur Ableitung des Wortes comitus von comes: Manfroni: Cenni, S. 462.

Punkte nur eine Organisation übernommen hat, die schon von
den Staufern geschaffen worden war. Deshalb seien die Namen
dieser Hafenorte erwähnt, für die Karl I. einen Comitus ernannte.
Es waren dies: Molfetta, Gaeta, Termoli, Ortona, Salerno, Bis-
ceglia, Bari, Barletta, Sorrento, Otranto, Brindisi, Gallipoli, Trani,
Taranto, Viesti, Siponto und Neapel, für das eine ganze Reihe
von Comiti ernannt wurden[1].

b) Nauclerii.

Ob zwischen dem Range der Comiti und der Nauclerii sich
ein weiterer Dienstgrad befunden hat, ist aus dem Quellenmaterial
nicht festzustellen, dürfte aber kaum anzunehmen sein, zumal
auch die reichlicheren Nachrichten der oberitalienischen Seestädte
nichts davon berichten. Die Nauclerii sind nur eine Art von
gehobenen Maaten, unseren heutigen Deckoffizieren vergleichbar,
gewesen. So hatten sie auch das Kommando eines Beibootes,
einer Vacetta[2], die ja nur acht Matrosen faßte, falls dieses zu
Wasser gelassen war und selbständig fuhr; auf der Galeere selbst
haben sie vor allem den Dienst getan, der sich auf die Überwachung der Navigation und der Disziplin sowie auf die Be-
aufsichtigung der Ruderer erstreckte[3]. Die Bedeutung der Nauclerii in ihrer Vermittlerstellung zwischen Offizieren und Mannschaften ist nicht gering anzuschlagen. Legen wir den Vertrag,
den im Jahre 1240 Gregor IX. mit Genua schloß, auch noch für
unsere Zeit zugrunde, so kam auf etwa 33 Matrosen[4] 1 Nauclerius[5]. Auch eine Betrachtung des Vertrages, den Genua mit

---

[1] Del Giudice, Codice, Bd. I, S. 284.

[2] Rechnungslegung d. A. de Vito (Del Giudice, Codice, Bd. II,
S. 10).

[3] Manfroni: Storia della Marina, Bd. I, S. 463; Manfroni: Cenni,
S. 463; Arndt, S. 120, faßt diese Stelle falsch auf. Manfroni führt die
Nauclerii nicht als Galeerenoffiziere, sondern als „Sott' uffiziali di
bordo" an.

[4] Vgl. die auf genuesischem Material aufgebauten treffenden
Ausführungen bei Heyck, a. a. O., S. 123.

[5] Wir hören einmal von einem Nauclerius Nicolaus, dem Sohn
des Maraldicius, Cod. dipl. Barese, Bd. 3, S. 301, Urk. 278.

dem Kaiser Michael Palaeologus im Jahre 1261 abschloß, führt
zu einem ähnlichen Resultat. Aus ihm ersehen wir, daß um
diese Zeit, die in den von uns behandelten Abschnitt fällt, die
Bemannung einer Galeere aus einem Comitus, 4 Nauclerii, 40 Soldaten, 108 Ruderern und 1 Koch bestand[3]. Wir dürfen annehmen, daß auf den sizilischen Schiffen die Besatzungen sich in
ähnlicher Weise verteilt haben. Als Karl II. im Jahre 1269
Auskunft haben wollte, was sich auf den Galeeren zu Zeiten
Manfreds an Waffen und anderen Gegenständen befunden hat,
ließ er zur Aussage darüber neben den Prothontini und den
Magistri tarsianatus auch Nauclerii vor den Magistri rationales
erscheinen; so hören wir von einem Nauclerius Amindalus, einem
Nicolaus de Galiano und einem Simeon Cavasaccu aus Barletta[2].

[1] Vgl. hierzu Manfroni: Cenni, S. 451/52; der erwähnte Vertrag
selbst ist abgedruckt im Liber jurium Reipublicae januensis (Monumenta historiae patriae). Eine neue kritische Ausgabe desselben hat
Camillo Manfroni in der Schrift veranstaltet: „Le relazioni fra
Genova, l'Impero bizantino e i turchi", die enthalten ist in den „Atti
della Società Ligure di Storia Patria", Bd. XXVIII, Heft 3, Jahrg.
1898, S. 217 ff.

Der Vertrag ist seegeschichtlich überhaupt recht interessant,
weil wir aus ihm auch erfahren, was eine derartige Besatzung einer
Galeere in einem Monat an Lebensmitteln verbrauchte. Das war
nämlich nicht ganz unbeträchtlich; es waren 14 400 Pfund Brot,
10 Scheffel Bohnen, 1060 Pfund Pökelfleisch, 1000 Pfund Käse und
240 Krüge Wein nach dem Maß, das in der Stadt Ninfeo üblich war.
Wir dürfen annehmen, daß auch die Besatzungen der sizilischen
Flotte nicht schlechter gestellt waren, da ja die Lebensbedingungen
wohl im wesentlichen die gleichen gewesen sind. Allerdings haben
sich in diesem Vertrage die Genuesen ganz besonders günstige
Lebensbedingungen und Nahrungsmittellieferungen für ihre Schiffs-
besatzungen ausgemacht.

Es ist zu bedauern, daß wir für die sizilische Flotte jener Zeit
nicht die gleichen genauen Angaben besitzen.

[2] Vgl. hierzu Del Giudice: Diplomi inediti di re Carlo I. d'Angio
riguardanti cose marittime, Urkunde II. Bei den letzten beiden im
Text genannten Männern ist es nicht durchaus klar, ob es sich hier
um Nauclerii handelt, da in der Verfügung der Titel Nauclerius nur
dem Amindalus gegeben wird, doch ist es anzunehmen, daß dieser sich
auf die beiden folgenden Namen bezieht.

5. Kapitel.

Die Mannschaft.

a) Die Supersalientes.

Unter der Mannschaft vollzog sich im Laufe der Zeit immer mehr eine Zweiteilung, die etwa dem Unterschiede entspricht, den wir heute zwischen Seesoldaten und Matrosen machen. Die Seesoldaten sind die Supersalientes[1] gewesen, Leute, die mit der Fortbewegung des Schiffes, also mit Rudern, Steuern usw. nichts zu tun hatten, während ihnen hingegen die mehr militärischen Funktionen, also die Verteidigung des Schiffes oder gegebenenfalls die Stellung eines Landungskorps oblagen[2].

Nicht immer hatte man Supersalientes an Bord. Dann mußte ein Teil der Marinarii, der Matrosen, ihre Tätigkeit mit übernehmen. Auch die Supersalientes zerfielen in anderen Marinen wieder in verschiedene Klassen, doch läßt sich von einer derartigen Einteilung in der sizilischen Flotte nichts nachweisen.

b) Die Marinarii.

Die große Menge der Besatzung bildeten die Matrosen, die Marinarii. Auf der Galeerenflotte spielten sie eine besonders wichtige Rolle, da ihnen vor allem die Ruder anvertraut waren, von deren guter Bedienung die Fortbewegung des Schiffes abhing. Von dem Herausbilden einer besonderen Klasse von Ruderern ist in unserer Periode noch nichts zu merken. Auch

---

[1] In unserer Periode erwähnt in der Rechnungslegung des Riso de Marra (Arndt, a. a. O. S. 181).

[2] Heyck, a. a. O. S. 127. Vgl. auch Manfroni, Bd. I. S. 465.

erfolgte der Ersatz nicht, wie dies später üblich war, durch Sträflinge, sondern die Marinarii wurden von den Seestädten gestellt, die nach altem normannischem Brauch dazu verpflichtet waren. Konrad und Manfred sind zum Segen ihrer Flotte von dieser Gewohnheit, an der auch Friedrich II. festgehalten hatte, nicht abgegangen.

Die geschilderte Einteilung der Galeerenbesatzung in die vier Gruppen der Comiti, Nauclerii, Supersalientes und Marinarii ist die damals übliche gewesen, und sie hat von den Tagen Friedrichs II. bis zu den Karls I., der sie ausdrücklich übernimmt[1], unverändert bestanden.

---

[1] Vgl. hierzu eine Verfügung Karls vom 4. Juni 1268 bei Del Giudice, Codice, Bd. II, S. 154, Nr. 49.

6. Kapitel.

Das Flottengeld und die Gestellung von Matrosen durch die am Meere belegenen Gemeinden.

Zum Schluß des vorigen Kapitels wurde erwähnt, wie Konrad und Manfred an den Bestimmungen festhielten, die im Normannenstaate Unteritaliens und Siziliens seit altersher zur Sicherstellung des Mannschaftsersatzes für die Kriegsflotte üblich waren, und die gleichzeitig auch die nötigen Gelder zur Unterhaltung der Flotte lieferten.

An anderer Stelle ist dargelegt worden[1], wie Friedrich II. die alte Abgabe der „Marinaria“, die aus den Zeiten der Normannenherrscher herstammte, beibehielt und wie er durch die Bestimmungen des Hoftages von Capua dafür sorgte, daß alle zu Unrecht erfolgten Befreiungen von dieser Abgabe aufgehoben wurden.

Weder Konrad IV. noch Manfred haben diese Grundlage verlassen, die ihnen ihr Vater in kluger Erkenntnis der Lage des Königreiches geschaffen hatte; ein Seestaat wie Sizilien war durchaus auf eine starke Flotte angewiesen. So haben auch die beiden letzten Stauferkönige mit aller Entschiedenheit dafür gesorgt, daß die Verpflichtung der einzelnen Gemeinden zur Stellung dieser Matrosen bezw. zur Zahlung der dieses Servitut ablösenden Summe nicht in Vergessenheit geriet. Im Jahre 1254 erteilt zwar Konrad IV. von Foggia aus der Gemeinde Caltagirone eine Bestätigung ihrer Besitzungen und Rechte, aber er behält

---

[1] Cohn, Organis. S. 40.

sich ausdrücklich die Leistung von 5 Tarenen und 250 Matrosen vor[1]; d. h., dieser Ort sollte nun wieder dieselbe Zahl Matrosen stellen, wie in der Zeit Wilhelms II. Vermutlich hatte Caltagirone durch das Edikt von Capua günstigere Privilegien verloren, und Konrad IV. war nicht gewillt, im Interesse seiner Flotte dieser Gemeinde irgend etwas nachzusehen[2]. In demselben Sinne handelte auch Manfred, der vor allem wegen seiner Interessen im östlichen Mittelmeer wie auch wegen seiner Unternehmungen gegen Karl von Anjou seine Flotte besonders nötig hatte. Es scheint sogar, als ob er die ihm zustehenden Rechte sehr scharf angezogen habe. Möglicherweise sind dann seine Beamten im Eintreiben des Flottengeldes und in ihrem Eifer dafür zu weit gegangen, so daß Manfred auf Beschwerden der Betroffenen einschreiten mußte. Der Bischof Buonconte von Patti beklagte sich bei Manfred darüber, daß der Secretus von Sizilien Matthaeus Ruffulo „gegen die nach dem Capuaner Hoftage erteilte Bestätigung Kaiser Friedrichs und gegen die bisherige Gepflogenheit von seiner Kirche Marinaria und Schiffsbauholz verlange“. Charakteristischerweise befiehlt Manfred dem Secretus, von seiner Forderung abzustehen, aber erst nachdem „er sich von der Richtigkeit der Aussagen des Bischofs überzeugt habe“, denn Manfred war nicht geneigt, auf die Abgabe zu verzichten, falls ihm diese zugestanden hätte[3]. In den folgenden Jahren aber scheint die Erhebung dieser Abgabe weiter stattgefunden zu haben, denn im Februar des Jahres 1265 erläßt Manfred ein erneutes Dekret in dieser Angelegenheit. Er verbietet nunmehr dem Secretus von Sizilien, dies Amt hatte damals Nikolaus Tavilii inne, „von der bischöflichen Kirche zu Patti Marinaria und Schiffsbauholz zu verlangen, obwohl die darüber

---

[1] „Salva praedicta praestatione quinque millium tarenorum, et insuper ducentorum quinquaginta marinariorum annuatim nobis et successoribus nostris ab eis et eorum haeredibus facienda.“

[2] B. F. 4624; vgl. Cohn, Organis. S. 40, sowie Scheffer-Boichorst: de resignandis privilegiis, S. 255; die Urkunde für Caltagirone ist abgedruckt bei Capasso. S. 58/59; vgl. Randazzini, S. 28.

[3] Scheffer-Boichorst, De resignandis privilegiis S. 161 (Arndt, a. a. O.. Reg.-Anh. 29, S. 162).

handelnden Urkunden Wilhelms II. und Friedrichs II. beim Erd-
beben in Lipari verloren gegangen seien"[1]. Manfred muß also
wohl in der dazwischenliegenden Zeit durch mündliche Verhandlungen den Eindruck gewonnen haben, daß hier tatsächlich ein
altes Privileg die Kirche von den genannten Abgaben befreite;
aber diese Urkunde Manfreds ist uns doch wiederum ein er-
neuter Beweis für die Wachsamkeit der Beamten, wenn es sich
um die Eintreibung der Marinaria handelte. Es ist also von der
Staatsverwaltung darauf der größte Wert gelegt worden, zumal
in dieser Zeit, da die Flotte mit Hochdruck instand gesetzt
wurde, um die Überfahrt Karls nach Sizilien zu verhindern[2].
Auch in dieser Urkunde betont Manfred wieder auf Vortrag des
erwählten Bischofs von Patti, Bonuscomes de Pendencia, daß die
Urkunde Wilhelms im Capuaner Hoftage durch Friedrich II. bestätigt worden ist; denn an diesem gerade für die Entwicklung
der Steuerabgaben für die Flotte wichtigen Tage hielt er durchaus fest. Diesen Maßregeln hatte er es auch zu verdanken, wenn
er eine so starke und angesehene Flotte unterhalten konnte. Die
neu gegründete Stadt Manfredonia, und das ist durchaus erklärlich, hat er auf zehn Jahre von allen Leistungen befreit,
und in dieser Befreiung ist selbstverständlich auch die vom
Flottengeld und vom Dienst in der Flotte inbegriffen[3].

Sonst aber sind uns keine befreienden Privilegien erhalten,
und ich möchte auch annehmen, daß keine verliehen worden
sind. Die Lage des Königreichs gestattete ihm auch nicht, darauf zu verzichten. Im Gegenteil ist wohl noch mitunter eine

---

[1] K. A. Kehr: Staufische Diplome, im Domarch. zu Patti
(Quellen und Forschungen aus italienischen Archiven und Bibliotheken Bd. 7, S. 180), auch als Sonderdruck selbständig im Buchhandel
erschienen. Vgl. Regesten-Anhang Nr. 31 bei Arndt, a. a. O.

[2] K. A. Kehr schreibt a. a. O. zu Marinaria die Anmerkung:
„Stellung von Soldaten zum Dienst in der Kgl. Flotte". Doch stimmt
das nicht. Wir haben scharf zu scheiden zwischen Marinaria, dem
Flottengeld, und Marinarii, den zu stellenden Matrosen. Von der
Kirche konnte billigerweise nur eine Barabgabe verlangt werden.

[3] B. F. 1749, Camera: Annali I, S. 256.

besondere „Collecta pro subventionibus galearum"[1] ausgeschrieben worden, wenn es erforderlich war; zu ihr steuerten wahrscheinlich alle an der See gelegenen Orte bei, wie natürlich auch Brindisi!

Im Falle eines besonderen Aufgebotes stellten die einzelnen Seestädte dann auch noch fertig ausgerüstete und bemannte Schiffe zur Staatsflotte hinzu, eine Gewohnheit, die von altersher bestand und die auch zu Zeiten der Anjous geübt wurde und von der wir annehmen müssen, daß sie auch zu Zeiten Manfreds gebräuchlich war[2].

Vielleicht, daß auch hier einmal eine gründliche Durchforschung der Archive, wenn sie wieder zugänglich sein werden, noch neues Material zu Tage fördern wird; doch stehen ja die Grundzüge, nach denen das System der Flottenabgaben aufgebaut war, fest, besonders, wenn man die Zeiten Friedrichs II. zum Vergleich heranzieht.

---

[1] H. Niese: Normannische und staufische Urkunden (Quellen und Forschungen Bd. 10, 1907, S. 82).

[2] Vgl. hierzu Loffredo: Storia della Città di Barletta, Trani 1893, S. 276; ferner Arndt, a. a. O. S. 35; doch möchte ich die Art der Verteilung dieser Schiffsgestellung im einzelnen für Manfred nicht heranziehen, denn es kann sich in den Zeiten der Anjous, aus denen uns diese erhalten ist, manches geändert haben.

7. Kapitel.

Die Lieferung von Schiffsbauholz.

Ähnlich liegt es mit dem „Ius lignaminum", dem Recht der Staatsverwaltung, sich von den dazu verpflichteten Gemeinden Schiffsbauholz liefern zu lassen. Auch hier geht alles auf normannische Vorbilder[1] und auf die Zeiten Friedrichs II.[2] zurück. Bei dem letzteren war die Tendenz nachzuweisen gewesen, diese Naturalabgabe in eine Geldabgabe umzuwandeln. Trotzdem ist die erstere auch noch geleistet worden, und an diesen Verhältnissen hat sich auch unter Konrad und Manfred nichts geändert[3].

In dem oben erwähnten Streit mit dem Bistum Patti handelte es sich neben der Abgabe der Marinaria auch um die Lieferung von Schiffsbauholz[4]. Der Ausgang dieser Angelegenheit ist der gleiche wie der hinsichtlich der Marinaria. Manfred verzichtet auf die Lieferung von Schiffsbauholz durch die bischöfliche Kirche von Patti, nachdem er sich davon überzeugt hat, daß diese von altersher davon befreit war. Sonst aber hat schon der starke Holzbedarf in diesen Jahren, als Manfred seine Flotte gegen Karl von Anjou rüstete, ihn gezwungen, an diesem Recht festzuhalten.

---

[1] Vgl. Cohn, Gesch. d. normannisch-sizilischen Flotte, S. 75.

[2] Vgl. Cohn, Organ. u. Verw. d. sizil. Flotte, a. a. O., S. 41.

[3] Arndt, a. a. O., S. 121, bezweifelt die Umwandlung der Naturalabgabe in eine Geldquote zu Zeiten Friedrichs II. mit Unrecht. Vgl. Cohn, Organ. a. a. O.

[4] Vgl. Scheffer-Boichorst: De resignandis privilegiis S. 161; Arndt, Reg.-Anh. Nr. 26; K. A. Kehr: Staufische Diplome im Dormarch. zu Patti; Arndt, Reg.-Anh. Nr. 29.

Der Abt von Bagnara wahrte sich sein altes Recht der Holzverschiffung, „die nicht allgemein gestattet war, damit es nie an dem nötigen Material zum Schiffbau fehle[1]". Es verlohnt sich, dies letztere Privileg, das P. Kehr mit überaus glücklicher Hand gefunden hat, näher zu betrachten, denn es ergibt sich aus ihm, welch großen Wert die Staatsverwaltung darauf legte, sich unter allen Umständen die genügende Menge von Schiffsbauholz zu sichern. Die Küstenwacht wurde so scharf gehandhabt, daß es einer ausdrücklichen Verfügung des Stefanus Frecza de Ravello, regius magister procurator et portulanus tocius Calabrie, an die Beamten der Küstenwacht bedurfte, um den von Bagnara abgehenden Holztransporten die Durchfahrt und Ausfahrt zu gestatten. Obwohl der Abt von Bagnara schon seit den Zeiten Friedrichs II. das Recht der Holzverschiffung besaß, so waren die Bestimmungen in der Zeit Manfreds so scharf gehandhabt worden, daß es eines ausdrücklichen neuen Privilegs dieses Königs bedurfte, um dem Abt von Bagnara sein altes Recht zu sichern. Wir können also aus dieser Erlaubnis entnehmen, daß all denen, die ihre Rechte in dieser Beziehung nicht schon von altersher nachweisen konnten, jede Möglichkeit genommen wurde, Holz aus dem Königreich zu verladen, ja sogar es aus einem Hafen in den andern zu bringen. Denn ausdrücklich wird dem genannten Abt gestattet, Holz über das Meer zu verschiffen, sowie es auch von einer Terra zur anderen, d. h. von einem Bezirk des Königreichs zum anderen zu bringen.

Es ist möglich, daß die Verschärfungen der Bestimmungen und ihre genaue Kontrolle in diesen Jahren damit in Verbindung zu setzen ist, daß das sizilische Königreich seine Flottenrüstungen verstärkte, um der von der Provence drohenden Gefahr zu begegnen, wie auch um die Verbindung mit den überseeischen Ländern, die Manfred durch die zweite Ehe mit Helena erhalten hatte, zu sichern.

---

[1] Göttinger Nachr. 1903, S. 298; Arndt, a. a. O. S. 45.

8. Kapitel.

Die Häfen und ihre Verwaltung.

Wie schon bei der Darstellung der „Organisation und Verwaltung der Flotte Friedrichs II."[1] gesagt wurde, bildet die Entwicklung der Häfen einen Teil der sizilischen Handelsgeschichte. Denn ihre Erbauung und Ausgestaltung wurde in erster Linie unter dem Gesichtspunkt des sizilischen Getreidehandels gehandhabt[2]. So ist es auch erklärlich, daß ihre Verwaltung von der der Flotte getrennt war, woran auch Manfred nichts geändert hat.

Indem wir der von Arndt aufgestellten Beamtenliste[3] folgen, können wir feststellen, daß es vier Oberhafenmeister im Gebiet des Königreiches gab, die zu den mit jeder Indiktion wechselnden Provinzialbeamten gehörten[4], nämlich

    1. für Principat, Terra di Lavoro und Abruzzen,

    2. für Apulien,

    3. für Kalabrien und

    4. für Sizilien.

Auch ist aus derselben Liste ersichtlich, daß dieses Amt mitunter mit dem des Secreten, mitunter mit dem des Oberproku-

---

[1] A. a. O. S. 41.

[2] Darauf ist hier nicht näher eingegangen und muß auf Arndt, S. 31, und besonders die dazu gehörige Anm. 21 verwiesen werden, in der die Häfen genannt werden, die für den Getreidehandel geöffnet waren.

[3] A. a. O. S. 173.

[4] Arndt, a. a. O. S. 3.

rator des Fiskalbesitzes verbunden wurde[1]. Die Oberhafenmeister sind in erster Linie als Finanzbeamte aufzufassen, deren
Hauptaufgabe die Erhebung der Hafenzölle war; ihnen unter-
standen u. a. die Hafenmeister oder Custoden. Die Funktionen
des Oberhafenmeisters formuliert Arndt[2] ganz treffend in fol-
gender Weise: „Der Oberhafenmeister hatte die polizeiliche Aufsicht über die Küste und Häfen seines Bezirkes. Er zog die
iura portus ein und wachte sorgsam über Ein- und Ausfuhr, was
um so notwendiger war, als z. B. für Getreide bestimmte Häfen,
und auch diese nur zeitweilig geöffnet waren".

In der Regierungszeit Karls I. finden wir dieselbe Einteilung der Bezirke der „Magistri portulani et procuratores",
auch hier war ihre wichtigste Aufgabe die Einziehung der
Hafenzölle[3].

Mit der Verwaltung der Flotte hatten die Oberhafenmeister
nichts zu tun. Das war lediglich Sache des Admirals, der darüber selbständig verfügte und nur an die unmittelbaren Instruk-
tionen des Staatsoberhauptes gebunden war. So trifft es wohl
auch nicht zu, wenn Arndt[4] sagt: „Sold für die Mannschaften,
Ausrüstung und Verproviantierung der Schiffe sowie Reparaturen
zahlten die Oberhafenmeister". Der Fall, den Arndt im Auge
hat und auf Grund dessen sie diese Behauptung aufstellt, lag
anders. Hier waren dem Oberhafenmeister Riso de Marra zwei
Galionen zur Küstenbewachung besonders zur Verfügung gestellt,
die deshalb aus dem Verbande der übrigen Flotte herausgenommen
wurden. Die Soldzahlungen mögen vielmehr durch den Prothontinus des betreffenden Bezirks erfolgt sein, der ja auch Vor-

---

[1] Arndt, a. a. O. S. 23; am häufigsten war die Verbindung:
„Verwaltung der Häfen und des Fiskalbesitzes, die später zur Regel
geworden ist."

[2] A. a. O. S. 24.

[3] Vgl. hierzu E. Sthamer: Reste des Arch. Karls I. von Sizilien
im Staatsarchive zu Neapel (Quellen und Forschungen Bd. XIV, 1911
S. 89).

[4] A. a. O. S. 34.

gesetzter der Flottenmannschaften war[5]. Für Reparatur der genannten Galionen — sie mußten auf der Werft von Messina erst dienstfähig gemacht werden — mußte der Oberhafenmeister natürlich aufkommen, ebenso wie für den Sold und die Verpflegung ihrer Offiziere und Mannschaften; aber eben auch nur in diesem Falle, sonst gehörten die Schiffe der Kriegsflotte in keiner Weise zum Ressort des Oberhafenmeisters. Dies können wir auch schon aus der Tatsache feststellen, daß in der ganzen übrigen, uns vollständig erhaltenen Abrechnung über seine Amtszeit uns nichts entgegentritt, was darauf schließen läßt, daß derartige Zahlungen in anderen Fällen erfolgt sind.

Dagegen gehörte die Sicherung der Häfen zu den besonderen Aufgaben des Oberhafenmeisters; es ist ohne weiteres verständlich, daß gerade in der Amtsperiode des Riso de Marra (1265/66) auf diese Sicherung besonderer Wert gelegt wurde, da ja damit zu rechnen war, daß die Flotte Karls von Anjou, die inzwischen in die Tibermündung eingelaufen war, einmal einen Handstreich gegen sizilische Häfen versuchte. Zu dessen Verhütung mag auch das von Riso de Marra erwähnte Mandat Manfreds erlassen worden sein, 13 Männer zur Bewachung der Häfen Siziliens anzustellen: „pro maiori et diligenciori custodia"[2]. Ihre Besoldung und die Vergütung ihrer Ausgaben erforderte für die Zeit von fünf Monaten die nicht unbeträchtliche Summe von 65 Unzen.

Dem Ausbau von Häfen widmete Manfred großes Interesse und die Schaffung zweier solcher, je eines im Adriatischen und Tyrrhenischen Meere, ist auf seine Initiative zurückzuführen. So wurde auf Bitten des Johann von Procida, des Familiaren König Manfreds, der Hafen von Salerno gebaut, d. h. wohl eine schon

---

[1] Vgl. hierzu eine Verfügung Karls I. vom 4. Juni 1268 (Del Giudice, Codice, Bd. II, S. 154, Nr. 49), in der Karl ausdrücklich auf Verhältnisse aus der Zeit Friedrichs II. Bezug nimmt, also mag es sich um eine übliche Gewohnheit gehandelt haben; der Sekretus weist seinerseits dem Prothontinus die nötigen Gelder an.

[2] Arndt, a. a. O. S. 184.

bestehende Hafenanlage erweitert. Dieses für die Geschichte
der Stadt wichtige Ereignis verkündet noch heute eine Tafel im
Dome von Salerno[1].

Auch die Gründung von Manfredonia im Jahre 1263 muß
mit dem Ausbau von Hafenanlagen verknüpft gewesen sein[2].
Denn Manfred verfügte, daß hier der gesamte Seehandel aus
der Capitanata getrieben würde, woraus zu schließen ist, daß
bedeutende Vorkehrungen getroffen wurden, um die zu erwar-
tenden Seeschiffe unterzubringen und abzufertigen.

Mit den Vorkehrungen gegen die Landung Karls von Anjou
und den damit zusammenhängenden Flottenrüstungen ist auch die
Verfügung des Generalkapitäns, Grafen Richard von Caserta, in
Verbindung zu bringen, nach der alle Häfen der Grafen und
Barone für die Kurie eingezogen werden sollten; denn wir dürfen
annehmen, daß eine derartige Verfügung nur nach eingehender
Rücksprache mit der Zentralverwaltung erfolgte. So entschließt
sich Manfred auch dann erst den Hafen von La Cava dem
dortigen Abte zurückstellen zu lassen, nachdem er die Überzeugung gewonnen hat, daß die „Vorgänger des Abtes denselben
zur Zeit von Manfreds Vater und Bruder besessen haben"[3]. Der
Vollständigkeit halber seien auch zwei Verfügungen Konrads IV.
erwähnt, die auf Häfen Bezug haben; einmal gestattete er der
Kirche von Monreale im Hafen von Palermo sich zwei Barken
zu halten[4], und dann erlaubte er den Leuten von Palermo, „die
Erträgnisse und Tiere ihrer Landgüter durch die Tore und den
Hafen von Palermo frei hereinzubringen"[5].

Durch eine eiserne Kette pflegten die Häfen geschlossen
zu werden, um die dort festgemachten Schiffe zu sichern; so

---

[1] Vgl. hierzu B. F. 4698 Huillard, Recherches, S. 131; ferner
Arndt, a. a. O. S. 61. (Wenn die allgemeinen Verhältnisse es wieder
zulassen, wird der Verfasser es sofort anstreben, eine Abschrift dieser
Inschrift zu erhalten, aus der sich möglicherweise wichtige Einzelheiten ergeben können.)

[2] B. F. 4749.

[3] B. F. 4757, dazu vgl. Capasso a. a. O., S. 267.

[4] B. F. 4577.

[5] B. F. 4600.

wissen wir das von Trani[1], aber auch bei den anderen Häfen
ist dies zweifellos der Fall gewesen. Die Sorge für diese Kette
war Sache des Prothontinus. Von der vor dem Hafen von Trani
befindlichen Kette kennen wir auch die genaue Länge, sie betrug
54 Ellen[2], und sie mußte wohl geeignet sein zum Schließen und
Öffnen des Hafens, den sie gegen plötzliche Angriffe von der
Seeseite sichern sollte[3].

Zu einer der wichtigsten Aufgaben, die dem Oberhafenmeister und den ihm unterstellten Beamten übertragen war, gehörte die Überwachung der Küsten gegen unerlaubte Ausfuhr
und überhaupt der Küstenschutz. Der Oberhafenmeister empfängt
seine Anweisungen unmittelbar vom König, und dieser gibt sie
dann weiter an die ihm unterstellten Beamten; die Küste ist in
gewisse Abschnitte eingeteilt. Von diesen kennen wir einen genauer. Er befindet sich in Kalabrien und reicht vom Petrace bis
zum „flumen Balnearie"[4]. An der Spitze der Küstenwacht dieses
Bezirks stand der iudex Guillelmus de Berturano[5]. Wir dürfen
annehmen, daß diesem richterlichen Beamten noch einer oder
mehrere andere zur Seite standen, die Seeoffiziere bzw. Beamte
waren, die eine seemännische Schulung im Küstenschutz besaßen.

[1] Vgl. hierzu das Diplom Karls vom 7. März 1279, das ausdrücklich auf die Verhältnisse unter Friedrich II. Bezug nimmt. Von
diesen können wir annehmen. daß sie auch hinsichtlich der genannten
Sicherheitsmaßnahme der Häfen unter Konrad IV. und Manfred in
gleicher Weise bestanden haben. Arch. stor. Nap. Bd. 4, S. 350,
Urk. 12 (Documenti ed illustrazioni) zu dem Aufsatz Del Giudices,
La famiglia di re Manfredi.

[2] „Catena portus ipsius fuerat longitudinis cannarum quinquaginta quatuor."

[3] Vgl. Cohn, Gesch. d. normann.-siz. Flotte, S. 10. Daß die
Hafenkette in jenen Zeiten etwas durchaus übliches war, geht aus der
Art und Weise hervor, wie sie im Jahre 1257 zur Verteidigung
Akkons angewandt wurde. Vgl. hierzu Caro: Genua und die Mächte
am Mittelmeer, Bd. I, S. 35.

[4] „A flumine Balnearic usque ad flumen Petrachii", Kehr, a. a. O.

[5] Ihm standen noch Kollegen zur Seite, jedoch werden diese in
der Mitteilung von Kehr a. a. O., auf der die vorige Darstellung beruht, nicht genannt; vielleicht ist es möglich, die Namen dieser
Männer in dem Archiv des Laterans noch zu ermitteln.

Unter den Einnahmen der Hafenverwaltung sei hier das Ufergeld wenigstens kurz genannt, das von auswärts kommenden Schiffen gezahlt werden mußte und das auch in dem im Jahre 1267 mit Genua geschlossenen Vertrage [1] in der üblichen Höhe festgesetzt wurde. Der deutsche Orden dagegen wurde im Jahre 1260 von der Bezahlung des Ufergeldes ausdrücklich befreit [2].

---

[1] B. F. 4664; Capasso a. a. O. S. 132: pro ripa et mensuris sicut consuetum est. Vgl. Caro: Genua und die Mächte am Mittelmeer, Bd. 1, S. 47.

[2] B. F. 4715; Capasso a. a. O. S. 195.

9. Kapitel.

Die Schiffstypen.

Das sprödeste Kapitel mittelalterlicher Seegeschichte, das der Erforschung die größten Schwierigkeiten entgegensetzt, ist zweifellos das der Schiffstypen. Anschauungsmaterial ist uns gerade für das 13. Jahrhundert nur in sehr geringem Umfange überliefert, und die Erwähnung der Schiffstypen in unseren Quellen ist in der zu behandelnden Epoche auch noch eine sehr dürftige. Meist sind ja auch die Annalen und Chroniken von Männern geschrieben, die von den Verhältnissen auf dem Meere nur eine sehr geringe Vorstellung hatten, oft vielleicht niemals ein Schiff sahen. Die Verfügungen des Landesherrn in Flottenangelegenheiten und vor allem die über den Schiffsbau, die zweifellos ergangen sind, sind nicht erhalten, nur einige Rechnungslegungen bieten einen geringen Ersatz.

Reichlicher fließt das Material dann für die Zeit der auf die Staufer folgenden sizilischen Könige aus angiovinischem Hause. Die Durchforschung ihrer Akten läßt schon nach den gedruckt vorliegenden Auszügen Minieri-Riccios und den teilweisen Ausgaben Del Giudices reiche Ausbeute für die Schiffstypen dieser Periode erwarten. So wird die Darstellung der Schiffstypen der Zeit Karls I. und Karls II. einmal die notwendige Ergänzung der vorliegenden Untersuchung bilden, die aber von der Erforschung der Schiffstypen der letzten Staufer getrennt gehalten sein muß, denn Karl I. hat bewußt provençalische Schiffsformen in seine Marine aufgenommen, wie das einzelne Aktenstücke ergeben.

So ist in der folgenden Darstellung das Material, das die Register der Anjous bieten, soweit sie gedruckt vorliegen, nur da herangezogen worden, wo sich die unbedingte Sicherheit ergab, daß wir es hier mit Schiffstypen zu tun haben, wie sie in gleicher Weise in der Zeit der letzten Staufer bestanden.

a) Die Galeere.

Über die Galeere, wie sie in der Zeit Konrads IV. und Manfreds in der sizilischen Flotte verwendet wurde, können wir uns kurz fassen. Denn sie mag noch durchaus dieselbe gewesen sein, wie in der Zeit des vorangegangenen Kaiser Friedrichs II. Wir können deshalb hier auf unsere Ausführungen verweisen, die an anderer Stelle veröffentlicht worden sind[1]. Nur über die Zahl der Galeeren dürfte noch ein Wort zu sagen sein. Daß in den Abwehrmaßregeln gegen die Landung Karls von Anjou etwa 60 Galeeren beschäftigt waren, bestätigen übereinstimmend die meisten Quellen[2]. Dagegen ist die Nachricht als übertrieben abzuweisen, daß sich 100 Galeeren im Geschwader des Philipp Chinardus auf seiner Fahrt nach Edessa befanden[3]. Es ist dies eine Zahl, die in keinem Verhältnis zu den sonst im 13. Jahrhundert üblichen Flottenaufgeboten steht.

Nur aus Galeeren setzte sich auch die Flotte zusammen, die im Jahre 1251 Konrad nach dem unteritalienischen Königreich brachte[4]. Wie groß ihre Zahl gewesen ist, wissen wir nicht genau, die Genueser Annalen geben ihre Zahl auf 16[5] an, doch dürften es eher mehr gewesen sein. Die Einheitlichkeit des Schiffstyps bedingte am besten eine schnelle Überfahrt. Von den Galeeren Manfreds ist nach seinem Tode noch einmal die

---

[1] Vgl. W. Cohn: Die Organisation und Verwaltung der Flotte Friedrichs II. (Zeitschrift „Überall", Novemberheft 1918, S. 144/45).

[2] Siehe oben die Belege hierfür in der Darstellung der äußeren Geschichte, 1. Hauptabschnitt, Kapitel 5.

[3] Siehe oben 1. Hauptabschnitt, Kapitel 4.

[4] Vgl. Paul Scheffer-Boichorst: Urkunden und Forschungen zu den Regesten der staufischen Periode, 2. Folge (Neues Arch. 27, Bd. 1902, S. 99). Hier ist nur die Rede von „Galeae nostrae".

[5] M. G. SS. XVIII. S. 230.

Rede in einer Verfügung Karls von 28. Juli 1269, in der dieser Informationen einfordert „de armis et rebus omnibus curie nostre, que fuerunt dudum in galeis quondam eiusdem Manfredi[1]".

b) Der Galion.

In der zweiten Hälfte des 13. Jahrhunderts hatte sich ein Schiffstyp herausgebildet, der an und für sich schon älter ist, aber nun mehr Erwähnung findet: Der Galion. Bis dahin hatte man diese Schiffsart zu den Galeeren gerechnet. Sie hob sich erst von diesen mehr und mehr ab, als die Riemenzahl der Galeeren zu steigen begann. Eduard Heyck weist in seinem Buch über Genua und seine Marine nach, daß diese Fahrzeuge „hauptsächlich Corsaren waren und von Seite des (genuesischen) Staats mit Vorliebe als Wachtschiffe an der Riviera" Verwendung fanden[2]. Er glaubt den Grund dafür in ihrem geringen Tiefgange zu sehen. Was die Zahl der Ruder anbelangt, so mag sie zwischen 60 und 80[3] geschwankt haben, in selteneren Fällen wohl auch bis auf 100 gestiegen sein. Sie war jedenfalls einem Wechsel unterworfen[4]. Mit dem, was Eduard Heyck hinsichtlich der Verwendung der Galionen für Genua beobachtet hat, stimmt auch das überein, was wir für die sizilische Flotte zur Zeit Manfreds nachzuweisen vermögen. Dem Secreten und Oberhafenmeister Riso de Marra waren während seiner Amtszeit 1265/66 zwei Galione zur Verfügung gestellt worden, die den speziellen Auftrag hatten, die Küste und die Häfen Siziliens zu

---

[1] Del Giudice Cosc marittime Urkunde II.
[2] A. a. O. S. 75.
[3] Manfroni a. a. O. Bd. I, S. 458.
[4] Heyck a. a. O. S. 74. Dagegen faßt Kretschmer: Portolane S. 29 die „Gallionen als reine Segelschiffe von recht plumper Form" auf, was für unsere Zeit nicht zutrifft; ebenso läßt sich für das 13. Jahrhundert die Tatsache nicht nachweisen, daß sie vorzugsweise für Transportzwecke verwendet wurden; all das trifft erst für eine spätere Zeit zu, da aber Kretschmer diese Dinge für das Mittelalter im allgemeinen anführt, verleiten seine Bemerkungen in der vorliegenden Form zu falscher Auffassung. In der zweiten Hälfte des 13. Jahrhunderts war der Gallion entschieden ein Ruderschiff.

bewachen[1]. Sie waren dazu aus dem allgemeinen Flottenverbande des Staates ausgeschieden worden. In dem Augenblick der Überweisung befanden sie sich nicht in brauchbarem Zustande, sondern mußten auf der Werft von Messina erst repariert und für ihren besonderen Zweck ausgerüstet werden.

Über ihre Größe wird uns leider nichts berichtet, nur hören wir, daß eine besondere Leiter angefertigt worden war, um die beiden Galione bequem besteigen zu können[2]. Wenigstens die Namen der Führer dieser Schiffe sind bekannt; es waren dies Jerusalem de Monaca aus Messina und Johann Pipero aus Barletta; ihr Rang war der eines Comitus, eines Galeerengrafen, der aber um diese Zeit schon lange nicht mehr einen Geburtstitel, sondern nur einen militärischen Dienstgrad darstellt. Neben ihnen gehören zur Bemannung der Galione die Nauclerii, Supersalientes und Marinarii, über die schon oben gesprochen wurde. Genaue Stärkenachweisungen der Besatzung aber sind für unsere Zeit auf Grund des vorhandenen Materials unmöglich, und Vermutungen möchte ich nicht aufstellen. Dagegen ist der Sold und das Verpflegungsgeld[3] bekannt, die für eine Zeit von sechs Monaten gezahlt wurden: es waren dies 206 Unzen, 3 Tari und 6 Gran.

Wir hören auch noch von einem anderen Galion, dessen Wiederherstellung fünf Unzen kostete, die Natalis aus Neapel hatte ausführen lassen auf einen Auftrag des Manfred Maletta hin, der wieder durch einen Befehl König Manfreds veranlaßt war[4].

c) Die Sagitta.

Zum Typ der Ruderschiffe mußte schon nach der Art ihrer Verwendung die Sagitta gehören. Sie war aber viel kleiner und behender, wodurch sie sich vorzüglich für Boten-

---

[1] Rechnungslegung des Riso de Marra, abgedruckt bei Arndt a. a. O. S. 177 ff.; hier besonders wichtig S. 181.

[2] Arndt a. a. O. S. 182.

[3] Arndt a. a. O. S. 181: „Pro solidis et companagio."

[4] Rechnungslegung des Angelus de Vito bei Del Giudice, Codice, Bd. II, S. 10.

schiffe eignete. Die Zahl der Ruderer mag etwa 24 betragen haben, auf jeder Seite 12. Doch hat ihre Größe sicherlich gewechselt, wie sich ja ein derartiger Schiffstyp nicht unbedingt festlegen läßt. Aber sicherlich hatte sie nur einen geringen Tiefgang, der es ihr ermöglichte, jeden Hafen anzulaufen[1]. Besonders mögen die Küstenstädte auch derartige Fahrzeuge besessen haben, sei es aus eigenem Besitz, sei es aus der staatlichen Marine zugewiesen, um möglichst rasch Botschaften über das Meer zu senden. So versuchte Peter Ruffus im Jahre 1255 von Tropea aus, ins Meer zu entfliehen, indem er sich dazu eine Sagitta ausrüsten ließ[2].

Auch Karl von Anjou verdankte seine endgültige Landung an der römischen Küste einer Sagitta, die sich durch die Brandung hindurcharbeitete, doch muß es sich hier um einen recht kleinen Typ gehandelt haben[3].

d) Die Taride.

Da sich auch dieser Schiffstyp in dem schon erwähnten Verzeichnis Karls I. befindet, das die Schiffsarten aufzählt, wie sie sich bei Übernahme der Häfen vorgefunden haben, und er andererseits von Friedrich II. in den Kämpfen mit Genua verwandt wird, so ist es auch anzunehmen, daß er in der Flotte Konrads und Manfreds seinen Platz gefunden hat, selbst wenn er in der behandelten Epoche nicht ausdrücklich Erwähnung findet, was durch die Dürftigkeit der Quellen erklärt wird. Wie der Galion so ist auch die Taride eine Abart der Galeere, aber sie ist viel[4] langsamer und bildet deshalb in der Gefechtslinie die Reserve. Auch die Taride ist natürlich ein Ruderfahrzeug gewesen, konnte aber infolge stärkerer Bauart mehr tragen als die Galeere[5]. In den Zeiten Konrads und Manfreds scheint aber

---

[1] Vgl. zu dem Vorstehenden Jal: Archéologie navale Bd. I, S. 473; ferner auch Heyck a. a. O. S. 79, sowie Manfroni Bd. I, S. 457.

[2] Siehe oben S. 18.

[3] Siehe oben S. 41.

[4] Manfroni a. a. O. Bd. I, S. 455.

[5] Heyck a. a. O. S. 81.

die Zahl der Tariden in der sizilischen Flotte nicht allzu groß gewesen zu sein, vielleicht daß man sie für zu schwerfällig hielt, denn es ist auffällig, daß erst Karl, der für diesen Schiffstyp offenbar eine Vorliebe gehabt haben mag, den Bau von neuen Tariden besonders betreibt[1].

e) Die Vacetta.

Ein wesentlich kleinerer Schiffstyp ist die Vacetta, sie hatte als Führer und wohl gleichzeitig als Steuermann einen Nauclerius und zur Bedienung acht Matrosen, also an Back- und Steuerbord je vier Ruderer[2]. Die Vacetta hat nur die Rolle eines Beibootes gespielt, das den Verkehr der großen Schiffe mit dem Lande in den Fällen vermittelte, wo diese wegen allzugroßen Tiefganges oder wegen Brandungsgefahr nicht näher an die Küste herankommen konnten[3]. Sold und Verpflegung der Besatzungen zweier derartiger Schiffe in der eben genannten Mannschaftszusammensetzung kostete in zwei Monaten 10 Unzen, 14 Tarenen und 19 Gran[4].

f) Die Barke.

Auch dieser Schiffstyp ist in den verschiedensten Ausmessungen vorgekommen, einmal als Beiboot[5] zu den großen Handelsschiffen, dann aber vor allem in der selbständigen Küsten-

---

[1] Del Giudice, Codice, Bd. I, S. 281.

[2] Vgl. hierzu den Rechnungsbericht des A. de Vito bei Del Giudice, Codice, Bd. II, S. 10; Manfroni a. a. O. Bd. I, S. 458, gibt die Zahl der Ruderer höher an; die Vacetta war ja auch kein feststehender Schiffstyp, sondern ist in verschiedenen Größen gebaut worden. Vgl. auch Heyck, welcher a. a. O. S. 98 von diesem Schiffstyp sagt: „Solche Fahrzeuge erscheinen als selbstverständlich zu Galeerenflotten gehörig, ohne daß sie vorher genannt sind."

[3] Von diesem Schiffstyp sind auch die Fahrzeuge gewesen, die die Luccesen mitzählten, als sie die Flotte Karls bei Porto Venere am 15. Mai sahen (siehe oben S. 36).

[4] Del Giudice, Codice II, S. 10: Rechnungslegung des Angelus de Vito.

[5] Über diese Beiboote (Barca di cantiere) vgl. L. T. Belgrano: Documenti inediti riguardanti le due crociate di San Ludovico IX. S. 6 und S. 219.

schiffahrt[1]; als Handelsschiff mit Rudereinrichtungen versehen mag die Barke natürlich auch soviel wie möglich von der Segeleinrichtung Gebrauch gemacht haben, wenn es die Windverhältnisse erlaubten. Wie groß die Barken gewesen sein mögen, die im Jahre 1255 Peter Ruffus von Tropea nach Neapel brachten, ist nicht überliefert[2].

g) Die Navis.

Sind die im Vorstehenden geschilderten Schiffstypen alles Ruderschiffe gewesen, so sind die nun zu erwähnenden Schiffsarten von diesen scharf zu scheiden. Es sind Segelschiffe, die nicht zu Kriegszwecken gebaut wurden, sondern dem Handel dienten, oder als Transportschiffe Verwendung fanden[3]. Auf derartigen Schiffen hätte die Rudereinrichtung zu viel Platz fortgenommen; sie mußten also schon aus diesem Grunde Segelschiffe sein. Der Typ, der „Schiff" (Navis) an und für sich bezeichnet, ist das große Segel- und Kauffahrteischiff. Auch hinsichtlich dieser Schiffsart zeigen die Verhältnisse keine wesentlichen Veränderungen gegenüber der Zeit Friedrichs II.[4]. Da auch unter Manfred der Getreidehandel weiter seine Rolle spielt, ist schon dadurch die Tatsache gesichert, daß man auch dem Kauffahrteischiff Beachtung schenkte[5]. In diesem Zusammenhang ist darauf hinzuweisen, daß man für den Fall, daß die staatlichen Getreideschiffe nicht auslangten, private mietete, wie dies während der Amtsperiode des Riso de Marra zur Fahrt von Sizilien nach

---

[1] Vgl. zu diesem Schiffstyp Heyck a. a. O. S. 96.

[2] S. oben 1. Hauptabschnitt, S. 18.

[3] Eine genaue Beschreibung einer genuesischen Navis aus dem Jahre 1268 ist uns in einem Mietsvertrag erhalten, den Simon Mallonus mit dem König von Frankreich abschloß; abgedruckt bei L. T. Belgrano: Documenti inediti riguardanti le due crociate di San Ludovico IX, S. 217, Nr. 232.

[4] Vgl. Cohn: Organis. u. Verw. d. Flotte Friedrichs II., Zeitschrift „Überall" S. 145.

[5] Vgl. die Rechnungslegung des Riso de Marra bei Arndt, a. a. O. S. 177 ff.

Barletta und Salerno geschah[1]. Eine Beschreibung einer sizilischen Navis aus unserer Periode ist nicht nachweisbar.

h) Die Usseria.

Auch von dem Vorhandensein dieses Schiffstyps in der sizilischen Flotte um die in Frage stehende Zeit gilt dasselbe, was oben von der Taride gesagt wurde. Ohne besondere Erwähnung ist ihre Existenz in den Geschwadern Konrads und Manfreds als sicher anzunehmen. Die Usseria ist allerdings ein Pferdetransportschiff und da niemals während unserer Epoche größere Rittermassen über das Meer zu setzen waren, so wird sie nur selten Verwendung gefunden haben und wohl nicht allzu häufig gebaut worden sein. Über ihre Bauart ist an anderer Stelle das Notwendige gesagt worden[2].

---

[1] Arndt, a. a. O. S. 182: „Pro naulo diversorum vasellorum"; in dieser Flottille mögen also die verschiedensten Schiffstypen vertreten gewesen sein.

[2] Vgl. Cohn, Organis. u. Verwalt. d. siz. Flotte, S. 230.

10. Kapitel.

Die Werften.

Die Entwicklung der Schiffstypen, ihre Fortbildung und ihre Anpassung an die Erfordernisse jeder Epoche hängt in erster Linie von der Entwicklung ab, die die Werftbauten genommen haben, und die Frage nach der Größe der Flotten des Mittelalters ist noch am ehesten zu lösen, wenn man die zur Verfügung stehenden Werften näher betrachtet. Die Werftbauten selbst gehören zur Baugeschichte des Königreiches. Arthur Haseloff wird in seinem demnächst erscheinenden Werke über die Bauten in Unteritalien diesen Gegenstand behandeln[1].

Auch hier fließt das Material für unsere Zeit nur spärlich, erst in den Tagen der Anjous wird es reichhaltiger; die Erforschung der Werften aber aus der nachstaufischen Zeit würde den Rahmen dieser Arbeit sprengen und muß als besondere Untersuchung vorbehalten bleiben; sie erst wird nachschauend die Möglichkeit geben, auch von der vorliegenden Epoche in dieser Beziehung ein reicheres Bild zu machen.

Daß auch Konrad und Manfred im Bau und in der Verwaltung der Werften die Bahnen nicht verlassen haben, die Friedrich II. eingeschlagen hat, erscheint zweifellos.

So ist das, was wir über die Tätigkeit der Werftbeamten unter Manfred erfahren, eine willkommene Ergänzung dessen, was aus der Zeit seines Vaters bekannt ist. Der Amtstitel der Werft-

---

[1] Auch der Verfasser der vorliegenden Arbeit hat in seinem Aufsatz über die Organisation der Flotte Kaiser Friedrichs II., Zeitschrift „Überall", Jahrg. 1918/19, S. 143, kurz darüber gehandelt.

inspektoren lautet: „praepositus tarsianatum[1]" oder „magister
tarsianatus[2]". Diese Beamten mögen, wie Arndt[3] wohl mit
Recht vermutet, die Aufsicht über einen größeren Bezirk gehabt und den Festungsinspektoren an Rang gleichgestanden
haben. Zwei Namen derartiger Beamten aus der Zeit Manfreds sind bekannt, der Werftinspektor für Sizilien und Kalabrien: Graciadeus Bonus[4] und der für den Principat und die
Terra di Lavoro: Crescentius de Barulo[5]. Wenn auch nur die
Werft von Messina[6] in unseren spärlichen Quellen genannt wird,
so sind doch sicherlich alle die anderen Werften ebenso wie zur
Zeit Friedrichs II. noch in Tätigkeit gewesen. Die Werftinspek-
toren standen auch unter dem Admiral wie in der Epoche des
Kaisers.

Im Verein mit den Prothontini mußten sich die Werft-
inspektoren Manfreds im Jahre 1269 vor den Magistri rationales
Karls I. verantworten, um Auskunft zu geben über die Waffen
und die anderen Dinge, die sich zu Zeiten des letzten sizilischen
Staufers auf den Galeeren befunden haben, wie überhaupt die
Ausrüstung der Schiffe und die Erhaltung der Seetüchtigkeit
derselben ihre Sache gewesen sein mag[7].

---

[1] Der Ursprung dieses Wortes ist bekanntlich arabisch:
dârçanáh, Haus der Betriebsamkeit, Schiffsbauhaus; italienisch dar-
sena; sizilisch tirzana; davon auch das Wort Arsenal. Vgl. Gustav
Körting- Lat.-rom. Wörterbuch, S. 294, Art. Nr. 2751.

[2] Diesen letzten Ausdruck gebraucht Karl in seiner Urkunde
vom 28. Juli 1269, die auf Werftbeamte aus der Zeit Manfreds Bezug
hat; Del Giudice: Cose marittime Urk. II. Auf diese verweist Del
Giudice im III. Bd. seines Codice S. 90, Anm. 1.

[3] A. a. O. S. 35.

[4] Erwähnt in der Abrechnung des Riso de Marra, Arndt a. a. O.
S. 181.

[5] Abrechnung des Angelus de Vito bei Del Giudice, Codice
Bd. II, S. 10. Vgl. zu beiden auch die Beamtenliste bei Arndt, a. a. O.
S. 175.

[6] Abrechnung des Riso de Marra, a. a. O.

[7] In der Abrechnung des Angelus de Vito (Del Giudice, Codice
Bd. II, S. 10) legt dieser drei Quittungen vor, die er als „prepositus
tarsianatus" ausgestellt hat „pro reparatione et munitione dictarum

11. Kapitel.

Der Staat und die Flotte.

Zusammenfassend bleibt uns noch die Untersuchung der Frage, wie der Staat sich selbst zur Flotte stellte, welche Rechte und Pflichten sich aus den Beziehungen zur See für ihn herleiteten.

1. Rechte.

a) Das Monopolrecht des Staates in der Seeschiffahrt.

Im Prinzip war das Recht, sich Schiffe zu halten, ein Vorrecht der Zentralverwaltung und wenn sie dies Recht einzelnen Gemeinden, Bistümern oder anderen Korporationen abtrat, so mußte in der Regel dafür eine Abgabe gezahlt werden, die bei dem Einlaufen in den Hafen erhoben wurde. Nur in seltenen Fällen ging man davon ab; so erhielt auch die Domkirche von Monreale das alte Recht zurück, im Hafen von Palermo zwei Fischerbarken zn halten [1]. In demselben Zusammenhang ist auch eines Privileges für den Deutsch-Orden zu gedenken, der das Recht auf freie Überfahrt über die Meerenge von Messina bekam und von allen Abgaben bei der Verschiffung seiner Güter über das Meer befreit wurde [2].

---

quinque galearum, quam pro emendo sepo necessario pro barandis et palmizandis duabus galeis ac solvendo loerio". Hier muß daran erinnert werden, daß der Teerbeschaffung schon in der Zeit der Normannenkönige durch Erlassung eines Pechmonopols große Sorgfalt zugewandt wurde (vgl. Cohn: Normannisch-sizilische Flotte S. 77).

[1] Arndt a. a. O. S. 44, S. 131, Anm. 65; ferner B. F. 4686; Capasso S. 159: „Habere in portu panormitano duas barcas piscatorias francas et liberas."

[2] B. F. 4715, Capasso a. a. O. S. 195.

b) Strandrecht.

Die Ausnutzung des Strandrechtes war eine in der damaligen Zeit durchaus übliche Einnahmequelle; auch hier werden
sich die Dinge seit den Tagen Friedrichs II. nicht wesentlich
geändert haben, und ich darf deshalb auf meine diesbezügliche
Untersuchung verweisen [1].

Als Manfred im Jahre 1257 den Vertrag mit Venedig erneuerte [2], nahm er in ihm, wie Friedrich im Jahre 1232, auch
Bestimmungen über das Strandrecht auf. Der sizilische Staat
verpflichtete sich zur Wiedergutmachung des beim Schiffbruch
erlittenen Schadens. Ähnliche Abmachungen wurden auch in
dem im gleichen Jahre mit Genua abgeschlossenen Vertrage [3]
festgesetzt; hier heißt es, daß alle Genuesen im Königreich „salvi
et securi" sein sollten, sowohl wenn sie heil (sani) als auch wenn
sie schiffbrüchig (naufragi) wären [4].

In den Zeiten Karls I. war die rücksichtslose Ausnutzung
des Gewohnheitsrechtes, schiffbrüchige Schiffe in Besitz zu nehmen,
wieder im Schwung. „Nicht durch geschriebenes Recht, wohl
aber durch die Gewohnheit des Königreiches [5] war es sanktio-
niert, daß bei einem Schiffbruch, falls nach drei Tagen (per
triduum) die Sachen nicht von den Eigentümern zurückgefordert
wären, sie dem königlichen Fiskus anheimfielen" [6].

---

[1] Zeitschrift „Überall", Dezemberheft 1918, S. 232.

[2] B. F. 4665.

[3] B. F. 4664.

[4] Capasso a. a. O. S. 131.

[5] „Ex antiqua Regni nostri consuetudine res omnes que ex
Naufragio post terminum ad inveniendum et recuperandum res ipsas
dominis earum indultum, fisci debeant iuribus applicari"; aus einer
Verfügung Karls I. vom Jahre 1270 abgedruckt bei Del Giudice,
Codice Bd. II, S. 109, Anm.

[6] So Del Giudice, Codice Bd. II, S. 109, Anm. 1. Vgl. überhaupt
diese sehr wichtige Anmerkung und den Brief von Clemens IV., in
dem er bittet, die Waren eines gestrandeten venetianischen Schiffes
den Eigentümern wiederzugeben (7. Februar 1268); Del Giudice,
Codice Bd. II, S. 108/109.

2. Pflichten.

Den im Vorstehenden geschilderten Rechten, die sich aus den Beziehungen des Staates zum Heere ergaben, trat aber auch die Pflicht gegenüber, die Seeschiffahrt zu schützen und die Bekämpfung des Seeräuberunwesens energisch in die Hand zu nehmen.

Die Seeräuberplage gehört zu den in jener Zeit üblichen Mißständen in der Seeschiffahrt. Ihrer Bekämpfung hatte schon Friedrich II. viel Beachtung geschenkt und Maßregeln dagegen getroffen[1]. Wie weit diese Vorkehrungen auch unter der Regierung Konrads und Manfreds beachtet wurden, wissen wir nicht; doch müssen sich die an den Küsten Istriens und Dalmatiens heimischen Seeräuber wieder mehr geregt haben. Möglicherweise hat Manfred gegen diese Länder nach dem Vorbilde seines Vaters eine Handelssperre erlassen, die ihm doch wohl unangenehm geworden ist, so daß Spalato um ihre Aufhebung eingekommen sein muß.

Die Dalmatiner haben sich schwer durch die Seeräuberei gegen Manfreds Vater Friedrich und gegen Manfreds Getreue vergangen. Nun schwören die Syndiker von Spalato in ihrem und der Bürger Namen ihrer Stadt auf das Evangelium, daß sie die Piraterie gegen die Einwohner des Königreiches in keiner Weise ausüben werden; daraufhin gestattet ihnen[2] König Manfred, im März des Jahres 1259 mit ihren Schiffen wieder ins Königreich zu kommen und dort alle Sicherheiten zu genießen[3].

Es ist auffällig, daß dies dasselbe Spalato ist, in dem Konrad IV. auf seiner Fahrt in sein Königreich so gut aufgenommen wurde. Wir schilderten, wie damals die Geistlichkeit sich aus der Stadt fortbegab, weil sie mit Konrad nichts zu tun

---

[1] Cohn, Organisation und Verwaltung usw. S. 231.

[2] Die Urkunde ist vollständig abgedruckt bei Dumont: Corps diplomatique Bd. I, S. 209, Nr. 102; danach im Auszug von Capasso a. a. O. S. 164; vgl. auch B. F. 4689.

[3] „Ut in dictum Regnum nostrum Siciliae cum navibus suis sub nostrae securitatis tutela salvi veniant et securi" (Dumont a. a. O. S. 209).

haben wollte. Ob sich diesen Geistlichen nicht auch so mancher alte Seeräuber angeschlossen hat, dem beim Erscheinen einer so starken sizilischen Flotte im Hafen von Spalato doch nicht so ganz behaglich zumute gewesen ist und der die Begleichung eines alten Schuldkontos fürchtete?

Auch in dem September 1257 abgeschlossenen Vertrage[1] mit Venedig wird des Seeräuberunwesens gedacht. Es heißt darin: „Wenn irgendwann Männer aus Venedig auf dem Meere von Seeräubern beraubt und die Güter derer, die beraubt worden sind, ins Königreich geführt würden, so verpflichtet sich Manfred von Staatswegen, alles rechtmäßig zurückzuerstatten[2]". Die entsprechende Verpflichtung ging auch der Doge Rainer Zeno von Venedig Manfred gegenüber ein.

---

[1] B. F. 4665; der Vertrag ist abgedruckt bei Schirrmacher: Die letzten Hohenstaufen, S. 601 ff.; Capasso a. a. O. S. 133. Der Vertrag ist dann im Jahre 1259 erneuert worden; vgl. B. F. 4704 (Capasso S. 179); vgl. auch Caro: Genua und die Mächte am Mittelmeer Bd. I, S. 46.

[2] Capasso a. a. O. S. 138.

12. Kapitel.

Die Bezeichnung der Flotte.

Immer mehr scheint sich in den Zeiten Konrads und Manfreds der Brauch eingebürgert zu haben. die Flotte mit „stolium galearum"[1] zu bezeichnen, und zwar wird dieser Name wohl nur noch für die sizilische Flotte angewendet. So spricht Jamsilla[2] für die Zeiten Manfreds von dem „stolium galearum suarum", während er andererseits von der „Classica Caroli" redet. Er spricht ferner von dem „Admiratus stolii Galearum"; Malaspina[3] redet von dem „immensum galearum stolium", an anderer Stelle spricht er von den „admiratus stolii galearum regis"[4], an einer dritten von dem „stolium galearum"[5] in ausdrücklicher Gegenüberstellung zu den „classes Karoli". Auch die Annales Siculi[6] reden von dem „extolium", wenn sie von der Flotte Manfreds und Konrads sprechen. Ebenso erwähnt auch die „Historia translationis S. Thomae"[7] das „stolium centum galeae", soll heißen „galearum". Die Bezeichnung „armata" finden wir in dem Staatsvertrage mit Genua[8]. In dem Staatsvertrage mit Venedig, den Manfred im Jahre 1257 abschloß[9], ist bezüglich der sizili-

---

[1] Vgl. für die Zeiten Friedrichs II. Cohn: Organisation S. 41.
[2] Sp. 598.
[3] Sp. 814.
[4] Sp. 815.
[5] Sp. 815.
[6] Ad annum 1251 und 1263.
[7] Abgedruckt bei Capasso a. a. O.
[8] B. F. 4664.
[9] B. F. 4665.

schen Flotte von dem „apparatus vel armamentum navigii in
regno Sicilie" die Rede[1], wobei zu beachten ist, daß hier nicht
nur die Kriegsflotte des Königreiches von den Vertragschließenden im Auge gehabt wurde, sondern an eine Flotte gedacht wird,
die etwa von privater Seite gegen Venedig im Gebiet des
Königreichs Sizilien hätte ausgerüstet werden können. Daraus
erklärt es sich, daß von „navigium" gesprochen wird und nicht
von „stolium", wie es sonst üblich war.

---

[1] Capasso a. a. O. S. 135 und 137.

Zusammenfassung.

Überblicken wir zusammenfassend das, was wir aus der inneren Geschichte der sizilischen Flotte unter Konrad IV. und Manfred mitteilen konnten, so sind wir uns der Tatsache wohl bewußt, hier nur ein fragmentarisches Bild haben bieten zu können.

Die absichtliche Vernichtung aller Akten der Staufer, wie sie die Anjous betrieben, hat auch das beste Material, das über die Flotte unserer Periode vorhanden war, für immer verschwinden lassen; die Hoffnung, daß sich der Stoffkreis noch sehr erweitert, ist für die Zeiten Konrads IV. und Manfreds gering; deshalb erschien der Versuch an der Zeit, die für das unteritalienische Reich so wichtige Flotte auch ihrem inneren Aufbau nach systematisch zu untersuchen.

Möchte die vorliegende Arbeit auch andere Forscher anregen, sich mit dem noch so sehr brachliegenden Gebiete der mittelalterlichen mittelmeerländischen Seegeschichte näher zu befassen.

Literaturverzeichnis.

Allgemeine Enzyklopädie der Wissenschaften und Künste herausgegeben von Ersch und Gruber, Sektion I, Bd. 85. Leipzig 1867.

Amari, Michele: Storia dei Musulmani di Sicilia, Bd. III, Firenze 1872.

Annales Cavenses: Monumenta Germaniae historica, Scriptores, Bd. III.

Annales Januenses: Monumenta Germaniae historica, Scriptores Bd. XVIII.

Annales Parmenses: Monumenta Germaniae historica, Scriptores Bd. XVIII.

Annales Placentini Ghibellini: Monumenta Germaniae historica, Scriptores Bd. XIX.

Annales Siculi: Monumenta Germaniae historica, Scriptores Bd. XIX.

Annales S. Justinae Patavini: Monumenta Germaniae historica, Scriptores Bd. XIX.

Andreae Ungarii descriptio victoriae a Karolo comite reportatae, Monumenta Germaniae historica, Scriptores Bd. XXVI.

Archivio storico per le provincie napoletane:
    Bd. 4, Napoli 1879;
    Bd. 16,   „   1891;
    Bd. 17,   „   1892.

Arndt, Helene: Studien zur inneren Regierungsgeschichte Manfreds, Heidelberg 1911 (Heidelberger Abhandlungen zur mittleren und neueren Geschichte, Heft 31).

Baedeker, Karl: Unteritalien, Sizilien, 15. Auflage, Leipzig 1911.

Die Bauten der Hohenstaufen in Unteritalien, Ergänzungsband I:
    Eduard Sthamer: Die Verwaltung der Kastelle im Königreich Sizilien unter Kaiser Friedrich II. und Karl I. von Anjou (herausgegeben vom Pr. Historischen Institut in Rom), Leipzig 1914.

Belgrano, Luigi Tommaso: Documenti inediti riguardanti le
due crociate di San Ludovico IX, re die Francia, Genova 1859.

Beltrani, G. e Sarlo, F.: Documenti relativi agli antichi seggi
de nobili ed alla Piazza del popolo della città di Trani,
Trani 1883.

Bergmann, Arnold: König Manfred von Sizilien, seine Geschichte vom Tode Urbans IV. bis zur Schlacht bei Benevent
1264—66, Heidelberg 1909 (Heidelberger Abhandlungen zur
mittleren und neueren Geschichte, Heft 23).

Bertaux, Emile: J monumenti medievali della regione del
Vulture, „Napoli nobilissima" Bd. VI, 1897, Ergänzungsheft.

Bertaux, Emile: Castel del Monte et les Architectes français de
l'empereur Frédéric II. (extrait des Comptes rendus des séances
de l'Academie des inscriptions et belles lettres), Paris 1897.

Bertaux, Emile: Un pittore napoletano in Toscana nel 1405.
Risposta ad una risposta in der Zeitschrift „Napoli nobilissima"
Bd. VIII, 1899, Heft 1.

Bertaux, Emile: L'art dans l'Italie méridionale de la fin de
l'Empire Romain à la conquête de Charles d'Anjou. Paris 1903.

Böhmer, J. F., Ficker-Winkelmann: Regesta Imperii Bd. V, zitiert
B. F. mit Nummer. Innsbruck 1894.

Cadier, Léon: Essai sur l'administration du royaume de Sicile
sous Charles I. et Charles II. d'Anjou, Paris 1891.

Capasso, Bartolomaeus: Historia diplomatica regni Siciliae
inde ab anno 1250 ad annum 1266. Napoli 1874.

Carabellese, Francesco: Le Pergamene della Cattedrale
di Terlizzi (971—1300), Bari 1899, Codice diplomatico Barese
Bd. III.

Caro, Georg: Genua und die Mächte am Mittelmeer 1257—1311,
2 Bände. Halle 1895.

Caro, Georg: Ein Reichsadmiral des 13. Jahrhunderts (Mitteilungen des Instituts für österreichische Geschichtsforschung
Bd. 23, S. 643 ff.).

Cartellieri, Otto: Peter von Aragon und die sizilianische
Vesper, Heidelberg 1904 (Heidelberger Abhandlungen zur mittleren und neueren Geschichte, Heft 7).

Cartellieri, Otto: König Manfred (Centenario della Nascita
di Michele Amari, Bd. I), Palermo 1910.

Chronica minor autore Minorita Erphordiensi, Monumenta Germaniae historica, Scriptores Bd. XXIV.

Chronicon siculum, abgedruckt bei Capasso, Historia diplomatica regni Siciliae, Napoli 1874.

Codice diplomatico Barese edito a cura della commissione provinciale di archeologia e storia·patria. Bari 1897, Bd. I und II, 1899, Bd. III.

Cohn, Willy: Geschichte der normannisch-sizilischen Flotte unter der Regierung Rogers I. und Rogers II. Breslau 1910.

Cohn, Willy: Das Amt des Admirals in Sizilien, enthalten in „Beiträge zur Sprach- und Völkerkunde" (Festschrift für Alfred Hillebrandt), Halle 1913.

Cohn, Willy: Der Kampf der Flotte Kaiser Friedrichs II. gegen Genua, Zeitschrift „Überall" 1916, Januar- und Februarheft.

Cohn, Willy: Heinrich von Malta (Historische Vierteljahrsschrift Heft 3), 1906.

Cohn, Willy: Organisation und Verwaltung der Flotte Kaiser Friedrichs II., Zeitschrift „Überall", Oktober-, November-, Dezemberheft 1918.

Cohn, Willy: Die Kreuzzugsflotten Kaiser Friedrichs II., Zeitschrift „Überall", August/Septemberheft 1919.

Gli Diurnali di Messer Mattheo di Giovenazzo, Monumenta Germaniae historica, Scriptores Bd. XIX.

Documenti per servire alla storia di Sicilia Bd. XIX, 1902: C. A. Garufi: Catalogo illustrato del Tabulario di S. Maria Nuova in Monreale.

Doeberl, Michael: Berthold von Vohburg-Hohenburg, der letzte Vorkämpfer der deutschen Herrschaft im Königreich Sizilien (Deutsche Zeitschrift für Geschichtswissenschaft, herausgegeben von L. Quidde, XII. Bd. S. 201—278), Freiburg 1896.

Dumont, J.: Corps universel diplomatique du droit des gens, Bd. I, Amsterdam 1726.

Fitz-Clarence, G.: Mémoire sur l'emploi des mercenaires Mahométans dans les armées chrétiennes (Journal asiatique Bd. XI, S. 106 ff.), 1827.

Florion Bustron: Chronique d l'île de Chypre (Collection de documents historiques, Mélanges historiques, Tome V), Paris 1886.

Fontes rerum Germanicarum, herausgegeben von J. F. Böhmer.

Garufi, C. A.: Catalogo illustrato del Tabulario di S. Maria Nuova in Monreale (Documenti per servire alla storia di Sicilia Bd. XIX), 1902.

Del Giudice, G.: Codice diplomatico del regno di Carlo I. e II. d'Angio, Bd. I, II, III. Napoli 1863, 1869, 1902.

Del Giudice, G.: La famiglia di Re Manfredi, Napoli 1880.

Del Giudice, G.: Diplomi inediti di Re Carlo I. d'Angio riguardanti cose marittime, Napoli 1881.

Del Giudice, G.: Riccardo Filangieri al tempo di Federico II., di Corado e di Manfredi (Archivio storico per le provincie napoletane Bd. XVI und XVII), Napoli 1891 und 1892.

Gregorovius, Ferdinand: Geschichte der Stadt Rom im Mittelalter, vom V. bis zum XVI. Jahrhundert, 4. verbesserte Auflage. V. Bd., Stuttgart 1892.

Hampe, Karl: Urban IV. und Manfred (1261—1264), Heidelberg 1905 (Heidelberger Abhandlungen zur mittleren und neueren Geschichte, 11. Heft).

Heyck, Eduard: Genua und seine Marine im Zeitalter der Kreuzzüge, Innsbruck 1886.

Historia translatonis S. Thomae apud Ortonam, veröffentlicht 1. durch Ughelli: Italia sacra Bd. VI, S. 774; 2. durch Capasso: Historia diplomatica S. 145.

Hopf, Ch.: Geschichte Griechenlands im Mittelalter und in der Neuzeit (Allgemeine Enzyklopädie der Wissenschaften und Künste, herausgegeben von Ersch und Gruber, Sektion I, Bd. 85), Leipzig 1867.

Hopf, Ch.: Chroniques Gréco-Romanes inédites ou peu connues, Berlin 1873.

Huillard-Bréholles (abgekürzt zitiert H. B): Historia diplomatica Friderici secundi 1852—1861.

Huillard-Bréholles: Recherches sur les monuments et l'histoire des Normands et de la Maison de Souabe dans l'Italie méridionale, Paris 1844.

Jal, A.: Archéologie navale, 2 Bände, Paris 1840.

Nicolai de Jamsilla: Historia de rebus gestis Friderici II., Conradi et Manfredi, abgedruckt in Rerum Italicarum Scriptores, herausgegeben von Muratori, Bd. VIII.

Journal asiatique, Bd. XI, Paris 1827.

Karst, August: Geschichte Manfreds vom Tode Friedrichs II. bis zu seiner Krönung (1250—1258), (Historische Studien, herausgegeben von Emil Ebering, Heft VI), Berlin 1897.

Kehr, Karl Andreas: Staufische Diplome im Domarchiv zu Patti (Quellen und Forschungen aus italienischen Archiven und Bibliotheken Bd. VII, auch besonders erschienen), Rom 1904.

Kehr, Paul: Eine Urkunde Manfreds (Römische Quartalsschrift Bd. XVI, S. 421), 1902.

Kehr, Paul: Otia Diplomatica (Nachrichten der Gesellschaft der Wissenschaften zu Göttingen, Philologisch-historische Klasse aus dem Jahre 1903, S. 255—298), Göttingen 1904.

Körting, Gustav : Lateinisch-Romanisches Wörterbuch. Paderborn 1901, 2. Aufl.

Kretschmer, Konrad : Die italienischen Portolane des Mittelalters (Veröffentlichungen des Instituts für Meereskunde, Heft 13), Berlin 1909.

Les gestes des Chiprois (Recueil de chroniques francaises écrites en Orient aux XIII et XIV siècles, Philippe de Navarre et Gérard de Monréal, publié pour la première fois pour la société de l'orient latin par Gaston Raynaud), Genève 1887.

Les Regestes d'Innocent IV. ed Elie Berger Bd. III, Paris 1897.

Liber Jurium reipublicae Genuensis, 2 Bände, Turin 1854 und 1857, enthalten in Monumenta Historiae Patriae Bd. VII und IX.

Liber regiminum Paduae ed. Bonardi, Venedig 1899.

Loffredo : Storia di Barletta Bd. I, Trani 1893.

v. Löher, Franz : Kaiser Friedrichs II. Kampf um Cypern (Abhandlungen der Historischen Klasse der Bayerischen Akademie der Wissenschaften, XIV. Bd., S. 109—180), 1879.

Lorenz, Ottokar : Deutschlands Geschichtsquellen seit der Mitte des 13. Jahrhunderts, 3. Auflage, Berlin 1886/87.

Sabae Malaspinae rerum Sicularum libri VI, herausgegeben von Muratori : Rerum Italicarum Scriptores Bd. VIII.

Manfroni, Camillo : Cenni sugli ordinamenti delle marine italiane nel medio evo (Rivista marittima, Anno XXXI, Quarto trimestre 1898, S. 449—492), Rom 1898.

Manfroni, Camillo : Storia della marina Italiana dalle invasioni barbariche al trattato die Ninfeo (400—1261) Bd. I, Livorno 1899, dal trattato di Ninfeo alla caduta die Constantinopoli (1261—1453), Bd. II, 1902.

Marino Sanudo Torsello : Istoria del Regno di Romania, abgedruckt bei Charles Hopf : Chroniques Gréco-Romanes, Berlin 1873, S. 109 ff.

Martène et Durant, Thesaurus anecdotorum, 2 Bände, Paris 1717.

de Mas Latrie, M. L.: Histoire de l'Ile de Chypre sous le Règne des Princes de Lusignan, Bd. I, Paris 1861.

Merkel, Carlo : La dominazione di Carlo I. d'Angio in Piemonte e in Lombardia e i suoi rapporti colle Guerre contro Re Manfredi e Corradino (Memorie della Reale Accademia delle science di Torino, serie seconda, Tomo XLI), Torino 1891 (Science morali, storiche e filologiche S. 201—330).

Merra, Emanuele : Castel del Monte, Trani 1895.

Minieri Riccio, C.: Alcuni fatti riguardanti Carlo I. di Angio dal 6 di Agosta 1252 al 30 di Decembre 1270, Napoli 1874.

Minieri Riccio, C.: Il regno di Carlo I. di Angio negli anni 1271 e 1272, Napoli 1875.

Minieri Riccio, C.: Del la dominazione Angioina nel reame di Sicilia (Studii storici estratti da Registri della cancelleria angioina di Napoli), Napoli 1876.

Monumenta Germaniae historica: Epistolae pontificum Bd. III.

Monumenta Historiae Patriae Turin 1854 und 1859; siehe auch Liber Jurium.

Morea, Domenicus: Chartularium Cupersanense, Montecassino 1893.

Müller, Hans: Der Longebardenkrieg auf Cypern 1229—1233. Mit besonderer Berücksichtigung der Gestes des Chiprois des Phelippe de Novaire, Halle (Diss.) 1890.

Napoli nobilissima, Rivista di topografia e d'arte napoletana Bd. 6, 7, 8, Jahrg. 1897, 98, 99.

Niese, Hans: Normannische und staufische Urkunden (Quellen und Forschungen aus italienischen Archiven und Bibliotheken, Bd. X), Rom 1910.

Nitto de Rossi, Giambattista: Una Risposta ad Emilio Bertaux intorno alla pretesa influenza dell'arte francese nella Puglia ai tempi di Federico II. („Napoli nobilissima", Jahr-Heft IX, September 1898).

Nitto de Rossi, Giambattista: Ancora per l'arte pugliese, Replica ad una risposta, enthalten in „Napoli nobilissima", Jahrgang 1899, Bd. VII, Heft 2, S. 40—45.

Pachymeres, Georgius: De Michaele et Andronico Palaeologis ed. im Bonner Corpus script. hist. Byz. Bd. 23 und 25 (1 und 2), Bonn 1835.

Phelippe de Nevaire: Estoire de la Guerre qui fut entre l'empereur Fréderic et Johann d'Ibelin, enthalten in Les Gestes des Chiprois S. 25 ff., Genève 1887.

Quellen und Forschungen aus italienischen Archiven und Bibliotheken Bd. XIV, 1911.

Randazzini: J reali privilegi riguardanti il patrimonio fondiale di Caltagirone.

Raynaud, Gaston: Les Gestes des Chiprois, Genève 1887.

Reinaud, M.: Histoires des guerres des croisades, sous le règne de Bibars, sultan d'Egypte, d'après les auteurs arabes im „Journal asiatique" Bd. XI, 1827, S. 3 ff.

Rey, G.: Les familles d'outremer de Du Cange, Paris 1869.

Richard von S. Germano: Chronica, Monumenta Germaniae historica, Scriptores Bd. XIX.

Rivista marittima, Jahrg. 1898, Roma 1898.

Rodenberg, C.: Innocenz IV. und das Königreich Sizilien (1245 bis 1254). Halle a. d. S. 1892.

Chronica fratris Salimbene de Adam, Monumenta Germaniae historica Scriptores Bd. XXXII.

Scheffer-Boichorst, Paul: Urkunden und Forschungen zu den Regesten der staufischen Periode, 2. Folge (Neues Archiv der Gesellschaft für ältere deutsche Geschichtskunde Bd. XXVII, S. 71—124), 1902.

Scheffer-Boichorst, Paul: Gesammelte Schriften, 2 Bände. Ausgewählte Aufsätze und Besprechungen, Berlin 1905 (Heft 43 der Historischen Studien, herausgegeben von Emil Ebering).

Scheffer-Boichorst, Paul: Das Gesetz Kaiser Friedrichs II. „De resignandis privilegiis" (Sitzungsberichte der preußischen Akademie der Wissenschaften zu Berlin). Jahrg. 1900, S. 131 bis 152, auch abgedruckt in dem II. Bande der ges. Schriften desselben Verfassers, Berlin 1905, S. 248—273, jedoch ohne den sehr wichtigen Urkundenanhang.

Schirrmacher, Friedrich: Die letzten Hohenstaufen, Göttingen 1871.

Schwarz, Karl: Aragonische Hofordnungen im 13. und 14. Jahrhundert (Studien zur Geschichte der Hofämter und Zentralbehörden des Königreichs Aragon), Berlin und Leipzig 1913.

Sedgewick, Henry Dwight: Italy in the thirteenth century. 2 Bände. London 1913.

Sthamer, Eduard: Die Reste des Archivs Karls I. von Sizilien im Staatsarchiv zu Neapel (Quellen und Forschungen aus italienischen Archiven und Bibliotheken Bd. XIV, S. 68), 1911.

Sthamer, Eduard: Die Verwaltung der Kastelle im Königreich Sizilien unter Kaiser Friedrich II. und Karl I. von Anjou (Die Bauten der Hohenstaufen in Unteritalien, Ergänzungsband I), Leipzig 1914.

Sternfeld, Richard: Karl von Anjou als Graf der Provence (1245—1265), Berlin 1888 (Historische Untersuchungen, herausgegeben von Jastrow, Heft 10).

Thomae historia Pont. Salonitarum et Spalatinorum, Monumenta Germaniae historica Scriptores Bd. XXIX.

Thomas Tuscus: Monumenta Germaniae historica Scriptores Bd. XXII.

Tutini. Camillo: Discorsi de Sette Officii overo de sette grandi del regno di Napoli. Parte prima, nella quale si tratta del Contestabile, del Maestro Giustitieri, e dell' Ammirante, Roma 1666.

Ughelli: Italia sacra, neue Ausgabe von Coleti. Bd. I—IX. Venetiis 1717—22.

Vincenti, Pietro: Teatro de gli Huomini illustri che furono grand ammiragli nel regno di Napoli, Napoli 1628.

Petri de Vineis epistolarum libri VI, edidit Iselius, 2 Bände, Basel 1740.

Winkelmann, Eduard: Acta Imperii inedita saeculi XIII. 2 Bände. Innsbruck 1880 und 1885.

Winkelmann, Eduard: Kaiser Friedrich II. (Jahrbuch der deutschen Geschichte), 2 Bände, Leipzig 1889 und 1897.

Zeller, Georg: König Konrad IV. in Italien (1252—1254), Bremen 1907 (Straßburger Dissertation).

———